1分

One-minute English Speeches about Japan

日本のことを
話す

広瀬 直子
Naoko Hirose

中経の文庫

はじめに

　この本は、２００８年に出版された単行本を文庫化したものです。出版以来、「外国人との会話でのネタ仕込みにとても役立った」「身近なトピックで英語力をアップできた」など、ポジティブな反響の数々をお寄せいただきました。また、この本を教材として採用してくださった英語の先生方からは、日本人生徒にとって大変実用的で使いやすい、というお言葉をいただきました。そしてロングセラーのヒット作品と認識されるようになり、著者としてこれ以上の幸せはないと感じています。

　本書の英文は、京都での大学生時代の私の苦労を土台にしています。外国人の友達ができ始めたのですが、神社と寺の違いを英語で説明しようとしても、「神社では手を叩く、寺では叩かない」ぐらいしか言えませんでした。

　その後、社会人になって、京都と大阪に関する英語情報誌の編集者の仕事を経て、海外生活に入り、翻訳者・ライターとして、日本を海外に、そして海外を日本に伝えるというやりがいのある仕事に恵まれ、「異文化をいかにほかの言葉でわかりやすく伝えるか」を考えてきました。

　ここでの英文は、私のそういった経験から、「もっと早く知っていれば、あのときこう言えたのに！」と今になって思う表現を、英語圏の人がイメージしやすい表現を使って、簡潔にわかりやすくまとめたものです。

　たとえば、読者の皆さんが海外旅行中に出会ったり、仕事で接待する外国人に「寿司っていうのは、実はいくつもの種類があって、生魚以外の食材も使うし、ご飯はこんな風に味付けるんだ」と、話せれば、相手との距離がグンと縮まると思いませんか。

　そのような状況を想定しているため、本書の英語は覚えて会話にそのまま使えるものをめざしました。１項目、３段落を口に出して読んで、約１分間です。辞書を引く手間をできるだけ省けるよう、

中級以上の表現には説明を加え、意味を確認するための和訳を入れました。またそれぞれの項目に、「覚えておくと国際交流でトクする」キーワードと「その英語を使うとき、こんなことに気をつけよう」という趣旨のワンポイントアドバイスも盛り込みました。

　さらに、読者の皆さんに英語で話す状況のイメージをつかんでいただけるよう、章ごとに、あなたが外国人に日本のことを説明している場面を設定しました。たとえば第1章では、あなたがカナダ人の友人マイク君に東京を案内します。その中で、皆さんに「そうそう日本ってそうだよね」「えっ！日本のことなのに知らなかった！」など、日本を再認識できる本として楽しんでいただける読み物とすることを目指しました。

　テーマは暮らしと文化に限定しています。本書の英語は会話にそのまま使われている英語表現のため、中には俗語に分類されるものもありますが、一時代的な言葉の使用はできるだけ避け、また下品な言葉は使用していません。

　本書の項目は全部で80で、見開きページにひとつのテーマを掲載しています。文庫化により、移動中も気軽に携帯し、たとえ5分間の空き時間であってもひとつのテーマを読みきることができる、フレンドリーな体裁となったと思います。

　読者の皆さんが安心して覚えることのできる英文作りを監修してくれたのは、ケートリン・グリフィスさんです。現在、トロント大学で日本史を教える彼女は、小・中学校時代を日本で過ごした本物のバイリンガル。「外国人にとって、日本のどんなことがおもしろいか」という内容面でも多くのアドバイスをいただきました。

　最後に、ご指導いただいた編集者の細田繁さんと細田朋幸さん、英文作りと文化習慣の確認で貴重な知恵をお借りしたいただいた坂田晴彦さんに心からお礼を申し上げます。

2013年10月
メープルの紅葉が美しい秋のトロントにて
広瀬直子

本書の使い方

　本書は、読み物として気軽にお楽しみいただけるほか、英語力アップを真剣に目指す方は現在の英語レベルによって、さまざまな使い方ができます。下記は、その一例です。

☆「こんなことについて語りたい」と思う項目のページを開きます。
　目次からはテーマで、索引からは語句で引くことができます。
☆ 各項目は、さわり、少し詳しく、さらに補足の３つの段落に分かれています。

初級　・「さわり」の日本語訳をざっと確認してから英文を繰り返し音読します。意味または読みのわからない単語と表現は調べてください。日本語を見ないで、英語を音読しているだけで、意味がすっとわかるようになるまで英文を音読します。
　　　・英文をセンテンスごとにそらで読んで、暗記してください。

中級　・日本語訳を見ないで「さわり」の英文を繰り返し音読します。意味または読みのわからない単語と表現は調べてください。
　　　・英文をセンテンスごとにそらで読んで、暗記してください。
　　　・同じことを「少し詳しく」で繰り返します。
　　　・最後に日本語訳を読み、意味を誤解していた英語表現がないかを確認します。

上級　中級に加えて
　　　・同じことを「さらに補足」でも繰り返します。

☆覚えた英語表現はできるだけ早く、実生活の中で使います。
　ひとりごとでもかまいません。

「１項目、３段落覚えられたから今日はこのぐらいにしておこう」と

いうように、そこそこのところで止めるのも長続きするコツです。以前学んだ段落を忘れたと思ったら、いつでも戻って繰り返し読み、復習してください。語学に王道はありませんが、繰り返すことが階段を一段ずつ確実に上る方法です。

　もちろん、実際に外国人を前にしたとき、覚えたことを完璧に話せるようになる必要はありません。正しい文法で話そうとすることでタイミングを失い、表現力がダウンすることもあります。目的はコミュニケーションですから、手を使っても、足を使ってもかまいません。言いたいことが伝わればいいのです。

　そして、本書を利用する際にはぜひ、日本人の登場人物を自分自身に置き換え、楽しく外国人に説明しているところをふんだんにイメージしてください。

　外国人の相手も、本書の設定人物に制限されず、自由に飛躍してイメージしてかまいません。本物の人間相手に練習するに越したことはありませんが、よほど暇な英語ネイティブを見つけるか、お金を払う場合を除いてこれは難しいでしょう。でも想像の中で相手を英語圏の好きなスターにするのはタダです。皆さんが母国語の日本語で会話をするとき、相手の表情や声が印象的だったり、恋をしていたら、そのときに使われた言葉をよく覚えているはずです。外国語も同じです。相手が本物でなくても、イメージしながら本書を利用することで、語学力アップの効率化がはかれます。

本書の表記について

★ 口に出して読む趣旨であるため、英文内の数字は括弧内にスペルアウトしています。

★ 固有名詞を除く日本語はローマ字表記を斜体にしています。

★ ローマ字はヘボン式を基準としています。

★ ただし長母音には長音記号を付けてありません（英語圏の新聞などでの日本語表記には長音記号がない場合が多いため）。

★ 長母音には能楽の noh を除いて（yes/no の no と区別するため）、h を付けません。

★「ン」音は「n」で表記し、「m」で表記しません。

★ 英語はアメリカ中西部とカナダの英語を基盤とし、つづりは日本の教科書で用いられることの多いアメリカつづりとしました。

Contents

第 **1** 章　日本にようこそ！
まずは東京案内を　　15

第**2**章 自宅に招待しよう

51

第 **3** 章　旅館に
泊まってみよう
81

第 **4** 章　関西を
案内しよう

107

10

第 5 章 日本の年中行事について話そう
137

第6章　日本のしきたりを説明しよう
161

本文デザイン＝矢部あずさ

本書は 2008 年 2 月に中経出版から刊行された『日本のことを 1 分間英語で話してみる』を文庫収録にあたり改題し、新編集したものです。

第1章 日本にようこそ！まずは東京案内を

カナダ人の友人、マイク君が東京に遊びに来たので案内することになります。初めての日本で見る自販機、プリクラ、駅の改札口を忙しく通りぬける人々……。どこに行っても What's that?（あれは何？）と好奇心旺盛なマイク君はあなたを質問攻めに。

人口、地理などの現代の日本の事情から、歌舞伎や俳句まで、日本に関する話を豊かに繰り広げたいところです。

この章はそんなときにきっと役立つテーマを集めました。

東京・江戸

Edo was the center of power of the *samurai*.

さわり Tokyo is the capital and the biggest city of Japan. Its population is about 13 (thirteen) million. It is one of the major economic centers of the world.

詳しく Tokyo was called "Edo" until the 19th (nineteenth) century. Edo was the center of *samurai* rule for about three centuries.

補足 Japanese culture was not influenced much by foreign countries when the government had the isolation policy from the 17th (seventeenth) to the 19th (nineteenth) century. Unique Japanese culture such as *haiku* and *ukiyoe* developed in Edo during this period.

覚えて
おきたい
語句・表現

capital　首都
population　人口
economic center　主要経済圏
rule　支配
isolation policy　鎖国政策

\\\ **日本語で確認** //

江戸は侍の権力の
中心地でした。

さわり　　東京は日本の首都で、最大の都市です。人口は約1300万人です。世界での主要経済圏のひとつです。

詳しく　　東京は19世紀まで、「江戸」と呼ばれていました。江戸は約3世紀の間、武士の権力の中心地でした。

補足　　日本が17世紀から19世紀まで鎖国政策をしいていたころ、その文化はあまり外国の影響を受けませんでした。この時期、江戸では俳句や浮世絵のような日本独自の文化が花開きました。

➕ **キーワード & ワンポイントアドバイス**

キーワードは unique Japanese culture（日本独自の文化）。

　もちろん外国人は、現在の巨大都市、東京に関心を寄せますが、江戸時代の文化に興味をもつ人も多くいます（北米の大学の日本関係の講義で学生に一番人気のある時代は、平安時代と江戸時代）。元禄／文化・文政文化や俳句（40ページ）や浮世絵（42ページ）などについても話せる練習をしておくと、チャーミングな会話ができるでしょう。

人口

英語で言ってみよう

Our birthrate is going down and our society is aging.

さわり The population of Japan is about 130 (one hundred thirty) million. It is the 10th (tenth) largest in the world. Many people live in the big cities like Tokyo or Osaka. Tokyo's population density is about 6,000 (six thousand) per square kilometer!

詳しく The number of old people is going up but the birthrate is going down. They say the national population went down in 2005 (two thousand five).

補足 More men and women in their 20s (twenties) to 40s (forties) are staying single longer. More married couples are having only one child or no children at all.

覚えて
おきたい
語句・表現

birthrate　出生率
age　高齢化する
density　密度
population density　人口密度
per square kilometer　1平方キロメートルあたり

Population

\\ **日本語で確認** //

少子化と高齢化が
進んでいるんです。

 　日本の人口は約１億3000万人です。世界で10番目に多いものです。多くが東京や大阪のような大都市に住んでいます。東京の人口密度は１平方キロメートルにつき6000人近いんです！

 　お年寄りの人口は増えていますが、出生率が低くなっています。2005年には全国の人口が減少したと言われています。

補足 　20代から40代の男女がより長い間独身でいます。子どもがひとりの夫婦や、子どもをもたない夫婦が増えています。

➕ **キーワード ＆ ワンポイントアドバイス**

キーワードは birthrate is going down（少子化なんです）。
現在の日本の人口動態を一番よく表す言葉です
非婚化と晩婚化は、ほかの先進国でも同じことが起こっていますので、キーワードさえ押さえておけば少々文法的に間違いがあっても相手に言いたいことを伝えることができるでしょう。

地形と面積

The country has over 7,000 islands.

さわり Japan is a country of many islands. The total land area is about 380 (three hundred eighty) thousand square kilometers. This is close to the total land area of Germany.

詳しく In Japan, there are about 7,000 (seven thousand) islands both large and small. The main island, Honshu, covers about 60% (sixty percent) of the total land area.

補足 Japan is very mountainous. Three quarters of the land is covered by mountains and hills! Mount Fuji, the tallest mountain, is about 3,800 (three thousand eight hundred) meters high. Because of all the mountains, the area people can live in is very small.

 覚えて
おきたい
語句・表現

square kilometer(s)　平方キロメートル
mountainous　山が多い
three quarters　75%
＊ one quarter は 4 分の 1 なので three quarters は 4 分の 3 ＝ 75%
the area people can live in　人が住める地域

Landscape and Size

\\\\ **日本語で確認** //

7000を超える島がある国です。

さわり　日本は多くの島から成る国です。国土の総面積は約38万平方キロメートルです。これは、ドイツの国土総面積と近いものです。

詳しく　日本には、大小7000の島があります。一番大きな本州は全土の60% 程度を占めています。

補足　日本は大変山の多い国です。国土の約4分の3が山や丘陵で覆われているんです！　一番高い富士山は高さ約3800メートルです。山が多いため、人が住める地域は大変狭いのです。

➕ キーワード ＆ ワンポイントアドバイス

キーワードは mountainous（山が多い）。

mountainous country of many islands（たくさんの島から成る山の多い国）と言えば、日本の地形をひとくちで説明できます。

日本は非常に狭いイメージをもたれがちですが、イギリスやドイツの面積を考えると決して国土が狭いわけではないことは The national land area is not so small.（国土面積自体がそれほど小さいわけではありません）と話しましょう。

21

文字

\\ 英語で言ってみよう //

There are four character sets.

さわり There are four different character sets in Japanese. *Hiragana*, *katakana*, *kanji*, and *romaji*. *Hiragana* is for sounds. *Katakana* is a sister character set of *hiragana* and is used to write foreign words. *Kanji* are Chinese characters. The last one, *romaji*, uses the Roman alphabet to write Japanese.

詳しく *Hiragana* and *katakana* each have 46 (forty-six) letters. They are simple and grade one children know all of them. *Kanji* are more complicated.

補足 *Romaji* is not normally used to write Japanese, but you will see it used in names of products or businesses.

覚えておきたい語句・表現

character 文字
character set 文字体系
letter 文字 ＊ character とほぼ同じ意味
grade one 小学１年生
complicated 複雑な
business 会社

\\\　**日本語で確認**　//

4種類の文字があるんです。

さわり　日本語には4つの異なる文字体系があります。ひらがな、カタカナ、漢字、ローマ字です。ひらがなは音を表します。カタカナはひらがなの姉妹文字で、外来語を書くのに用いられます。漢字は中国に由来する文字です。最後のローマ字は、A〜Zのアルファベットを使って日本語を書く方法です。

詳しく　ひらがなとカタカナはそれぞれ46文字あります。簡単な文字であり、小学校1年生ですべて知っています。漢字はもっと複雑です。

補足　ローマ字は通常、日本語を書くために用いられませんが、製品名や会社名として使われているのを見かけることでしょう。

➕ キーワード ＆ ワンポイントアドバイス

キーワードは four character sets（4つの文字体系）。
かなについては Japanese alphabet（日本のアルファベット）と言ってもいいでしょう。
「日本人はいくつの漢字を知ってるの？」というよくある質問には Grade six students know about 1,000.（小学校6年生で約1000字）と答えましょう。

敬語

The Japanese language has many levels of politeness.

さわり If you have studied Japanese, you may notice that some people speak in a different way from what you studied. This is the casual form. Friends and families speak to each other in this form.

詳しく The Japanese language has many levels of politeness. For example, there are several levels of politeness to say "How are you?" We change our politeness level depending on who we are talking to.

補足 The politest level is used, for example, when company staff talk to customers. In the past, children talked to parents politely, but they are more casual today.

覚えて
おきたい
語句・表現

politeness　ていねいさ
notice　気づく
what you studied　（あなたが）勉強したこと
casual form　敬語を用いないくだけた話し方
depending on A　A次第で
who we are talking to　私たちが話している相手

Polite Forms

日本語にはたくさんの
ていねいレベルがあります。

さわり あなたが日本語を学んだことがあるなら、勉強したことと違う話し方がされていることがあるのに気づくかもしれません。これは、敬語を用いないくだけた話し方です。友人と家族間ではこのように話します。

詳しく 日本語には、ていねいさにおいて、いくつものレベルがあります。たとえば、"How are you?" を日本語にしてみても数段階のていねいさがあります。話している相手次第でていねいさを変えるんです。

補足 一番ていねいなレベルは、たとえば、会社員がお客に話すときなどに用いられます。かつては、子どもは親に対してていねいに話していましたが、最近はもっと気さくに話します。

➕ キーワード & ワンポイントアドバイス

キーワードは levels of politeness（ていねいさのレベル）。
もちろん英語にも、話し方によってていねいさに違いはありますが、立場と関係によって微妙に言葉を使い分けることは、日本語ほど顕著ではありません。日本ほど上下関係が重視されない文化だからでしょうか。

Tokyo has a very busy train network.

さわり The train networks are highly developed in the big cities of Japan. Tokyo, like New York and London, has one of the busiest train networks in the world. It has a huge web above and underground.

詳しく In the big cities, we can go almost anywhere without a car. In the cities, most people take the train to work. In rush hour, the trains are packed! Some railroad companies hire staff to push people into the trains!

補足 Japanese trains stop running at around midnight. People who miss the last train take a taxi and pay a lot of money. Or they may stay at the cheap capsule hotels.

覚えて
おきたい
語句・表現

highly developed　高度に発達している
huge web　巨大網
above and underground　地上と地下に
packed　大変混雑している、すし詰めである
people who miss the last train　最終電車に乗り遅れた人

Trains

\\ **日本語で確認** //

東京の電車ネットワークは大変混雑しています。

さわり　日本の大都市圏では電車のネットワークが非常に発達しています。東京には、ニューヨークやロンドンと並び、世界で一番混雑する電車網のひとつがあります。地上と地下に巨大網を形成しています。

詳しく　大都市では車なしにほぼどこへでも行けます。都市ではほとんどの人が電車で通勤します。でもラッシュアワーには電車はすし詰めです！　車両の中に人を押し込むためのスタッフを雇っている鉄道会社もあるんです！

補足　日本の電車の最終は夜中の12時ごろです。最終電車に乗り遅れた人はタクシーに乗って大枚をはたきます。または、カプセルホテルなどの安ホテルに宿泊するかもしれません。

✚ キーワード & ワンポイントアドバイス

キーワードは highly developed（非常に発達している）。
大都市を除き、北米は車で移動する文化です。日本の大都市は、like New York or London（ニューヨークやロンドンのように）、電車で移動するのが普通であることを本文のように説明してみましょう。
本文で最終電車の時間に触れたのは、北米などでは地下鉄が深夜も運行しているため。

ＩＣ乗車カード

Most passengers carry them.

さわり Most passengers of Japan's train and bus systems carry IC passenger cards. The majority of train stations have gates equipped with IC chip scanners, so you can pass through just by holding your IC card over the scanner. There is no need to buy a ticket.

詳しく The PASMO card is widely used in the Kanto area. You can reload your PASMO card using cash or credit card, and use it on almost every transit network within the area.

補足 "IC" stands for "integrated circuit," and there is a built-in computer chip in each card. IC passenger cards are extremely light, so you can easily carry one in your wallet or card holder.

覚えて
おきたい
語句・表現

passenger　乗客
the majority of A　A の大多数
A equipped with B　B を装備した A
transit　公共交通

IC Passenger Cards

\\ 日本語で確認 //

乗客のほとんどが持っています。

さわり
　日本の電車やバスの乗客の大半はIC乗車カードを持っています。ほとんどの駅にICチップスキャナー付きの改札があるので、乗車券を買わずに、ICカードをスキャナーにかざすだけで通りぬけることができます。

詳しく
　関東で幅広く使われているのはPASMOです。プリペイド方式で現金またはクレジットカードで入金します。地域のほとんどの路線で使うことができます。

補足
　ICはIntegrated Circuit（集積回路）の略語です。カード一枚一枚に演算処理機能が組み込まれています。非常に軽く、簡単に財布やカード入れで持ち運ぶことができます。

➕ キーワード ＆ ワンポイントアドバイス

　キーワードは reload（［プリペイドカードなどに］入金する）。荷物などを「つめなおす」という意味でも使われます。
「ICOCAに入金しないと」は、I have to reload my ICOCA card. となります。日本ほど交通ネットワークが緻密に巡らされた国は珍しいもの。IC cards help move people smoothly.（ICカードは人の移動をスムーズにするのに役立っています）と話してみましょう。

29

自動販売機

\\ 英語で言ってみよう //

You can buy anything, anytime, anywhere.

さわり Japan has literally millions of vending machines. The most common vending machines are for drinks such as coffee, tea, fruit juices, soft drinks, and alcoholic drinks.

詳しく Some machines sell both hot and cold drinks. You can also buy various items such as toiletries, tickets, newspapers, cigarettes, DVDs, and even anime figures.

補足 If you're hungry, you may be able to find hot meals like *ramen* or *yakisoba*. You may find just about anything you can imagine.

覚えて おきたい 語句・表現

literally　文字通り
millions of A　何百万という A
the most common　最も多い、最も一般的な
various　さまざまな
such as A, B, and C　A や B や C のように
toiletries　化粧品、洗面用品

Vending Machines

\\\ **日本語で確認** //

いつでもどこでも何でも
買うことができます。

さわり 　日本は文字通り、何百万台という自動販売機のある国です。最も一般的なのは、コーヒー、お茶、ジュース、炭酸飲料やアルコール飲料を売るものです。

詳しく 　温かいものと冷たい飲料を同時に販売する機械もあります。また、化粧品、チケット、新聞、タバコ、DVDや、アニメの人形まで、さまざまなものが買えます。

補足 　お腹が空いている人は、ラーメンや焼きそばなど、温かい食べ物もあります。想像しうる限りのあらゆる商品があるかもしれません。

＋ キーワード & ワンポイントアドバイス

キーワードは various items（さまざまな品）。
何でも自動販売機から買えることが、英語圏の人には珍しく映ります。
日本語の「ジュース」には果汁のほかコーラのような炭酸飲料も含まれますが、英語では果汁が（fruit）juice で、「炭酸飲料」は soda かpop です。

AKB48

\\\ 英語で言ってみよう ///

It's an all-girl idol group.

さわり AKB 48 is an all-girl idol group in Japan. The group does not necessarily have forty-eight members, but there are many of them: about forty to one hundred at any time.

詳しく There is a dedicated theater in Akihabara that holds AKB 48 song and dance shows throughout the week. In this way, the group is marketed as the "accessible" idol group that fans can casually see and even shake hands with.

補足 While AKB 48 is based in Tokyo, there are similar all-girl groups in other prefectures such as Osaka and Nagoya. They too are popular among male fans and children.

 覚えて おきたい 語句・表現

not necessarily [v] 必ずしも [v] ない
dedicated 専用の
throughout the week 毎日のように
casually 気楽に、日常的に
A is based in B A は B を本拠地にしている

AKB48

女の子だけのアイドルグループです。

さわり 　AKB48は女の子だけの日本のアイドルグループです。必ずしも48人いるわけではありませんが、大勢いて、常時40人から100人います。

詳しく 　秋葉原には専用劇場があり、毎日のようにAKB48の歌や踊りのライブが行なわれています。こうして、ファンが日常的に見て握手さえできる「身近なアイドル」としてのイメージでマーケティングされています。

補足 　AKB48は東京を本拠地としていますが、大阪や名古屋といった他の県にも同じような女子アイドルグループがあります。これらのグループも男性ファンと子どもに人気があります。

➕ キーワード & ワンポイントアドバイス

キーワードは all-girl idol group（女の子だけのアイドルグループ）。たとえば、アメリカでは素人からスターを誕生させる人気テレビ番組に American Idol があります。また、teen idol といえば、10代に人気のアイドルスターということです。idol という単語は元は宗教の「偶像」という意味で、今もそのように使われることもあります。

オタク

Many of them hang out in Akihabara.

さわり *Otaku* is geek, nerd, or freak in English. The *otaku* can be found in the Akihabara area of Tokyo or the Nipponbashi area of Osaka. There, you can see many electronic, comic and anime DVD shops. Most *otaku* are male.

詳しく The *otaku* have their own culture, and people call the *otaku* in Akihabara "Akiba-kei," or Akihabarans.

補足 Coffee shops called "costume cafe" are popular in Akihabara and Nipponbashi. In these cafes, waiters and waitresses dress as characters from comics or as people of certain occupations such as house maids. Some *otaku* like to dress as anime characters themselves.

覚えて
おきたい
語句・表現

geek　オタク　＊知的なオタク。頭が良すぎる変人
nerd　オタク
＊独特の風貌（やせている、厚いめがねなど）の人
freak　オタク　＊マニアックな人や、奇人
occupation　職業
house maids　お手伝いさん

Otaku

秋葉原に多く出没します。

さわり
「オタク」を英語にすると geek、nerd、または freak となります。オタクは主に、東京の秋葉原や大阪の日本橋で見かけます。こういった場所には、数多くの電子製品、マンガ、アニメの DVD 店があります。オタクのほとんどが男性です。

詳しく
　オタクたちは自身の文化を形成しており、秋葉原のオタクは「秋葉系」と呼ばれています。

補足
　秋葉原や日本橋では、「コスチュームカフェ」と呼ばれるカフェも人気があります。こういったカフェでは、ウェイターやウェイトレスがマンガのキャラクターの格好をしたり、メイドなどの特定の職業の人の格好をしたりしています。自分自身、アニメのキャラクターの格好をするのが好きなオタクもいます。

✚ キーワード ＆ ワンポイントアドバイス

　キーワードは geek、nerd、freak（オタク）。
　オタクは英語圏にもいますのでこういった言葉がありますが、これらは一種の侮蔑語なので、You're a geek!（あなたオタクね！）などとは、よほど親しい人との間での冗談でもない限り言いません。

英語で言ってみよう

The Emperor is the symbol of the country.

さわり The present Japanese Emperor Akihito lives in the Imperial Palace in the center of Tokyo. Japanese mythology tells us that the first Emperor is from 660 (six hundred sixty) BC and that Emperor Akihito is related to him.

詳しく The Emperor was made the symbol of Japan after the Second World War. This was during the time of Emperor Hirohito, the father of the present Emperor.

補足 The Imperial Family of Japan today has seven family units. One of these is the Emperor's Family, which includes the Emperor, Empress, Crown Prince, Crown Princess, and their daughter.

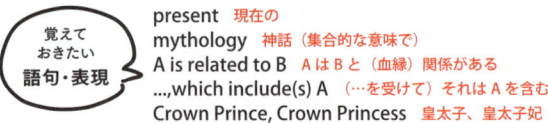

覚えておきたい **語句・表現**

present　現在の
mythology　神話（集合的な意味で）
A is related to B　A は B と（血縁）関係がある
...,which include(s) A　（…を受けて）それは A を含む
Crown Prince, Crown Princess　皇太子、皇太子妃

The Imperial Family

天皇は国の象徴です。

さわり　今上天皇明仁は東京の中心部にある皇居にお住まいです。神話によると、初代天皇は紀元前660年に即位され、今上天皇はその子孫です。

詳しく　天皇は、第二次世界大戦後、国の象徴と定められました。今上天皇の父親、昭和天皇裕仁の時代でした。

補足　現在、皇室には7つの家族があります。その中のひとつの家族が、天皇、皇后、皇太子、皇太子妃、内親王で構成される天皇家です。

第1章　日本にようこそ！　まずは東京案内を

✚ キーワード & ワンポイントアドバイス

キーワードは Imperial Family（皇室、皇族）。
西洋の王室には royal family という言葉が使われます。
天皇陛下は Emperor、皇后陛下は Empress、皇太子は Crown Prince、皇太子妃は Crown Princess、そのほか皇族方はいずれも、Prince ＋名前、Princess ＋名前で英語表記されます。

武士

The Japanese knights.

さわり *Samurai* means Japanese warriors. The *samurai* were given a special status between the 12th (twelfth) and 19th (nineteenth) centuries. They were like today's politicians, military, and police, all combined. You could call them "Japanese knights."

詳しく *Bushido* was a system of thinking and behavior for the *samurai*. It is translated as "the way of the *samurai*." It teaches martial arts and mental discipline. You can compare it to the knighthood of the West.

補足 The *samurai* were given the highest status in the class system of the Edo period between the 17th (seventeenth) and 19th (nineteenth) centuries.

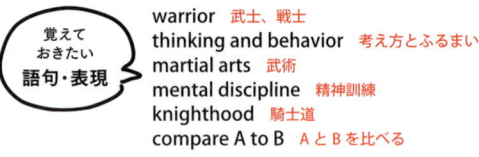

覚えて
おきたい
語句・表現

warrior　武士、戦士
thinking and behavior　考え方とふるまい
martial arts　武術
mental discipline　精神訓練
knighthood　騎士道
compare A to B　AとBを比べる

Samurai

日本版の騎士です。

さわり 「侍」とは日本の武士のことです。彼らは12世紀から19世紀の間、特別な地位を与えられていました。現在の政治家、軍隊、警察をすべて組み合わせたようなものでした。「日本の騎士」と呼ぶこともできるでしょう。

詳しく 「武士道」は、武士の考え方とふるまいを体系化したものでした。翻訳すると、"the way of the *samurai*" となります。武術を教えるものであるほか、精神上の訓練でもあります。西洋の騎士道と比較することができます。

補足 侍は17世紀から19世紀の江戸時代には、身分制度の中で一番高い地位を与えられました。

✚ キーワード ＆ ワンポイントアドバイス

キーワードは Japanese knights（日本の騎士）。

加えて、While knighthood was influenced by Christianity, *bushido* was influenced by Confucianism.（騎士道にはキリスト教、武士道には儒教の影響があった）と言えば、より知的にアピールできるでしょう。

俳句

It's the world's shortest form of poetry.

さわり *Haiku* is a traditional poetic form of Japan. It is said to be the world's shortest form of poetry. A *haiku* has only 17(seventeen) syllables. The sounds are arranged in a rhythm of five, seven, and five. This rhythm is pleasant to the Japanese ear.

詳しく A formal *haiku* must have a seasonal word. For example, the word *sakura*, or cherry blossom, is often used as the seasonal word for spring. It is important for a *haiku* poet to create a nice image of a season.

補足 In the 19th (nineteenth) and 20th (twentieth) centuries, *haiku* influenced poets in the West, such as Yeats and Eliot.

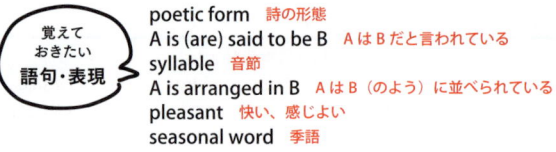

覚えて
おきたい
語句・表現

poetic form　詩の形態
A is (are) said to be B　A は B だと言われている
syllable　音節
A is arranged in B　A は B（のよう）に並べられている
pleasant　快い、感じよい
seasonal word　季語

Haiku

\\ 日本語で確認 //

世界で一番短い詩です。

さわり　俳句は日本の伝統的な詩の一形態です。世界で一番短い詩だと言われています。ひとつの俳句には17音しかありません。5、7、5のリズムで音を並べます。このリズムは日本人の耳に快い音なのです。

詳しく　正式な俳句には季語が必要です。たとえば、「桜」という言葉は、春の季語としてしばしば用いられます。季節のイメージをうまく作ることは、俳人にとって大切なことです。

補足　俳句は19世紀と20世紀にイエーツやエリオットなど、西洋の詩人に影響を及ぼしました。

✚ キーワード ＆ ワンポイントアドバイス

キーワードは syllable（音節）。
上級の単語ですが、日本語のかなはひとつの文字がひとつの音節（言葉の音の単位）を成しているため、日本語の性質を説明するときに使える言葉です。
haiku は、西洋でも国語の授業に取り入れているところがあり、そのまま *haiku* と言っても理解される場合があります。

浮世絵

It influenced the Impressionists.

さわり The art of *ukiyoe* woodblock prints became very popular in the 17th (seventeenth) and 18th (eighteenth) centuries in Kansai and Tokyo. When people in the West think of traditional Japanese art, most think of *ukiyoe*.

詳しく Most *ukiyoe* are pictures of people and things from the "world of entertainment and pleasure." Landscape pictures are also famous. You've probably seen some of the pictures of Mount Fuji by Hokusai Katsushika. He made 36 (thirty-six) different scenes of Mount Fuji.

補足 The *ukiyoe* style is often non-realistic. This style of *ukiyoe* influenced Impressionists such as Van Gogh and Monet in the 19th (nineteenth) century.

覚えて
おきたい
語句・表現

influence　影響する
Impressionists　印象派　＊モネやゴッホなど。
woodblock print　木版画
entertainment and pleasure　エンターテイメントと風俗
landscape　風景
non-realistic　（美術用語）非写実的な

Ukiyoe Woodblock Prints

\\ **日本語で確認** //

印象派に影響を与えました。

> **さわり** 浮世絵木版画の芸術は、17世紀から18世紀にかけて上方と江戸で花開きました。今日西洋で日本の伝統的絵画といえば、ほとんどの人が浮世絵を思い浮かべます。

> **詳しく** 浮世絵のほとんどが、「娯楽と風俗の世界」の人やものです。風景画もまた有名です。葛飾北斎による富士山の絵を見たことがあるでしょう。彼は、富士山の36の異なる風景を作品にしました。

> **補足** 浮世絵の画法は往々にして非写実的です。この画法は19世紀、ゴッホやモネなどの印象派に影響を与えました。

➕ **キーワード ＆ ワンポイントアドバイス**

キーワードは *Ukiyoe* influenced the Impressionists.（浮世絵は印象派に影響を与えました）。

印象派スタイルのルーツと言える浮世絵は、西洋でも展覧会がよく開催されて人気を博しています。浮世絵は、油絵や水彩画と違いレプリカが安価で、外国人へのお土産やプレゼントに喜ばれます。

歌舞伎

It's a colorful, dynamic theater.

さわり
Kabuki is a form of classical Japanese theater. It is a spectacle of action, song, and dance. It uses many tricks such as a revolving stage and a trapdoor. Overall, it is more colorful and more dynamic than *noh* or *bunraku*.

詳しく
Kabuki became popular entertainment for the masses from the 17th (seventeenth) to the 18th (eighteenth) century. It is still very popular. In Tokyo's Kabuki Theater, shows are performed throughout the year.

補足
The actors are all male. Female characters are played by men. The actors wear very colorful costumes and heavy makeup. You may have seen portraits of *kabuki* actors in some of the famous *ukiyoe* works.

覚えて
おきたい
語句・表現

spectacle　スペクタクル、見世物
trapdoor　せり、床や屋根の引き戸、はね上げ戸
overall　全体的に
for the masses　庶民のための
throughout the year　1年を通して

Kabuki Theater

日本語で確認

派手でダイナミックな舞台です。

さわり
　歌舞伎は日本の古典舞台です。演技、歌、舞踊のスペクタクルです。回り舞台やせりなどさまざまなトリックを用います。全体的に、能や文楽よりも派手でダイナミックです。

詳しく
　歌舞伎は17世紀から18世紀、庶民のエンターテイメントとして人気を博しました。今でも大変人気があります。東京の歌舞伎座では年間を通して歌舞伎の公演が行なわれています。

補足
　歌舞伎役者は皆男性です。女性の役も男性役者が演じます。役者は大変派手な衣装に身を包み、濃い化粧をしています。有名な浮世絵作品で歌舞伎役者の肖像を見たことがあるかもしれませんね。

✚ キーワード ＆ ワンポイントアドバイス

　キーワードは colorful と dynamic（派手、ダイナミック）。
　能と文楽に比べて、エンターテイメント要素の強い舞台であることをこのように伝えます。歌舞伎は特に外国人に「親しみやすい」「わかりやすい」と喜ばれることが多いようです。筋書きを予習して伝え、連れていくといいでしょう。
　124ページの「能と狂言」、126ページの「文楽」も参照。

落語

\\\ 英語で言ってみよう ///

It's the art of comical storytelling.

さわり *Rakugo* is a one-person comedy show. It is a classical form of storytelling and is still very popular. The storyteller wears a *kimono* and sits on a cushion on stage. He plays many people in conversation. To do each role, he changes his voice and the direction of his face.

詳しく The storytellers also mimic movements in a skillful and funny way. A fan and a towel are the only props they use. Wordplay is part of the fun.

補足 This art of storytelling started three to four centuries ago. There are special *rakugo* theaters called *yose*. There, you can see shows throughout the year.

覚えて
おきたい
語句・表現

storytelling　語り
storyteller　落語家
mimic　まねる
skillful　上手な、巧妙な
prop　小道具
wordplay　言葉遊び

Comical Storytelling

コミカルな話芸なんです。

さわり　落語はひとりで演じるコメディーショーです。古典的な語りであり今も大変人気があります。落語家は着物を着て舞台に置かれたざぶとんに座ります。複数の人間の会話を演じます。それぞれの役をするため、声や顔の向きを変えます。

詳しく　落語家はまた、巧妙にかつ滑稽に動作をまねます。彼らの使う小道具は扇子と手ぬぐいだけです。言葉遊びもおもしろみのひとつです。

補足　この話芸の起源は、3、4世紀前にさかのぼります。寄席と呼ばれる落語のための特別な舞台があります。そこでは年間を通して落語を見ることができます。

✚ キーワード ＆ ワンポイントアドバイス

キーワードは art of storytelling（話芸）。
　落語の話芸は、海外の文学者に研究されるなどアートとして尊敬されています。英語圏で、コメディアンが通常ひとりで舞台に立ってトークで笑わせる形式のものを stand-up comedy（スタンドアップコメディー）と呼びます。この表現をそのまま使って、落語を sit-down comedy（シットダウンコメディー）と訳すこともできるでしょう。
　128ページの「漫才」も参照。

相撲

It's the national sport of Japan.

さわり *Sumo* is a match between two *sumo* wrestlers. It is the national sport of Japan. The present style of *sumo* wrestling started about 300 (three hundred) years ago.

詳しく A wrestler wins when he drives his opponent out of the ring or when a part of the opponent's body touches the ground. Because of the sport's long history, there are many formalities before and after a match.

補足 Professional *sumo* is a very popular sport to watch. These tournaments are broadcast nationwide. Strong wrestlers are given special ranks. The highest rank is *yokozuna*. There are some foreigners who became *yokozuna*.

覚えて おきたい 語句・表現

national sport　国技
sumo wrestler　力士
drive A out of B　A を B から追い出す
opponent　対戦相手
formalities　儀式　＊形式的な一連の動作。
tournament　競技会　＊ここでは本場所。

Sumo Wrestling

\\\ **日本語で確認** ///

日本の国技です。

さわり　相撲はふたりの力士の間の格闘技です。日本の国技です。今の相撲の様式の起源は約300年前にさかのぼります。

詳しく　相手力士を土俵から出すか、相手力士の体の一部が地面に着くと、もうひとりの力士が勝ちます。相撲の歴史は長いため、取組の前後に数々の儀式があります。

補足　プロの相撲観戦はとても人気があります。本場所は全国放送されます。強い力士には特別なランクが与えられます。最高ランクは横綱です。外国人で横綱になった人もいます。

✚ キーワード ＆ ワンポイントアドバイス

キーワードは many formalities（数々の儀式）。
英語圏のスポーツ戦でも国歌斉唱などはありますが、全般に海外のスポーツに比べると相撲には儀式が多いようです。この「エキゾチック」なスポーツは海外でも一定ファンのハートをつかんでいて、ネットには *Sumo* Forum などもあるようです。土俵の説明は、The *sumo* ring has sand on the ground and has a special roof.（土俵上は砂地で、特別な屋根があります）とするといいでしょう。

英語にもギャル語あり

「KY」＝空気読めない、など、単語の頭だけを取ってつなげるメール用「頭字語」はギャル語をはじめとする若者語の特徴のひとつですが、英語圏の若者も、hay=how are you?、sup=what's up?（どうしてる？）、g2g=Got to go.（行かなくちゃ）など、メールのための略語をふんだんに生み出しています。

「〜系」、または「〜とか」など、対象を限定せずに、「そのような感じのもの」とあいまいにする言い方が若い人に多いのも、日本だけの現象ではなく、英語圏でも起こっています。英語では、「〜みたい」という意味での like を連発します。「私はあの小説が好きだ」と言うのを、Like, I like that fiction like stuff.（なんかぁ、あの小説とかそんなんが好きっつーか）、というわけです。しょっちゅう聞かされているうちに、おじさん、おばさんにうつっていくこともあります。言葉を使う心理には、言語が違えど、何か普遍的なものがあるようです。

英語において、cool や hot（反対語なのに、両方「イケてる」というような意味）などのように、一時代的な流行やスラングと思われていた言葉が定着して、年配の人も使うようになるものもあります。

ギャル語の中にも、日本語において普遍的な地位をもつものがさらに増えていって、そのうちおじさん、おばさんも「なんかぁ、？っつう感じー？」と話しているのかもしれません？

あなたの家族は、ホストファミリーとしてイギリス人の高校生ジェシカさんをホームステイに迎えます。

初日、トイレの中からジェシカの悲鳴が！ Your toilet flushes upward!（トイレの水が上を向いて流れてる！）と言うのです。トイレの水を流す代わりに、おしり洗浄ボタンを押してしまったのです！

この章では、日本人の日常生活や娯楽を説明する英語力のアップをめざします。

第2章 自宅に招待しよう

ハイテクトイレ

Enjoy the advanced features.

さわり Many Japanese buildings have Western toilets. Most Japanese houses have Western toilets with heated seats and bidets. Some older buildings still have the old squat type toilets.

詳しく Inside the toilet bowl is a nozzle for washing the bottom and for bidet. When you press a button, the nozzle moves and water shoots upward. This may feel strange at first.

補足 An advanced model will automatically open and close the toilet cover for you. Some types also have dryers for your bottom.

覚えて
おきたい
語句・表現

advanced　先端の
heated seat　暖房便座
bidet　ビデ
squat　スクワット
＊和式のお手洗いの座り方は英語では squat。
nozzle　ノズル
bottom　おしり＊比較的ていねいな言葉。

High-tech Toilets

日本語で確認

先進の機能をお楽しみください。

さわり
　日本の建物の多くには洋式のトイレが付いています。家庭のほとんどが、おしりウォーマーとビデの付いた洋式トイレを使っています。いくつかの古い建物には、今も古いスクワット式のものがあります。

詳しく
　おしり洗浄とビデのノズルは、トイレの器の内部に取り付けられています。ボタンを押すと、ノズルが動いて上向きに水を放ちます。最初は変な感じがするかもしれません。

補足
　先端機では、自動的にカバーが開閉します。ドライヤーが付いているタイプのものもあります。

✚ キーワード ＆ ワンポイントアドバイス

キーワードは bidet（ビデ）。
ビデとおしり洗浄のボタンには、絵柄と日本語だけで、英語の説明の付いていないものもありますので、水を流すつもりで間違って押してしまう外国人がいます。初めて来日する外国人には、必ず事前に説明しましょう。
貯水タンクのつまみの「大」(more flushing water)、「小」(less flushing water) も説明したほうが親切です。flush は、（トイレで）「流す」という意味です。

風呂

A family shares the same bath water.

さわり In a Japanese bathroom, there is a separate area for washing. A family shares the same water in the bathtub, so we try to keep the bathtub water clean.

詳しく Next to the bathroom, there is a changing area. When you enter the bathroom, you will find a washing area. If you find something that looks like a step stool in the bathroom, it is for sitting. Please rinse your body before going into the tub.

補足 If the bath water is too hot, please add cold water. After sitting in the tub for some time, you get out of the bathtub and wash your body and hair.

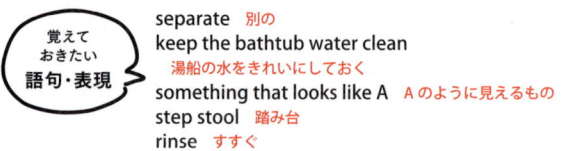

覚えて
おきたい
語句・表現

separate 別の
keep the bathtub water clean
湯船の水をきれいにしておく
something that looks like A Aのように見えるもの
step stool 踏み台
rinse すすぐ

Baths

日本語で確認

家族で同じお湯につかります。

さわり　日本の風呂場では、洗い場が別にあります。家族で湯船のお湯を共有するため、湯船のお湯を汚さないようにします。

詳しく　風呂場の横に脱衣場があります。風呂場に入ると、洗い場があります。風呂場にある踏み台のようなものは腰をかけるためのものです。湯船につかる前にかけ湯をしてください。

補足　お湯が熱すぎたら、水を足してください。湯船にしばらくつかった後に、湯船から出て体と髪を洗ってください。

＋ キーワード ＆ ワンポイントアドバイス

キーワードは separate area for washing（洗い場は別）。
知っている外国人も多いでしょうが、一応念を押しておきましょう。それ以外にも、日本式の風呂の入り方は外国人にとって難しいものです。たとえば、低くて小さい風呂のいすと洗面器をどのように使うのかわからず、立ったままシャワーを浴びてしまう人がいるので、本文のように説明しましょう。
88ページの「温泉」も参照。

台所

英語で言ってみよう

We have some unusual items.

さわり We have some unusual items in the Japanese kitchen. You will know the gas stove, the microwave, and the toaster when you see them. You will also see a rice cooker, a rice bin, and a water heater.

詳しく We use western cookware like frying pans and sauce pans. To grill fish, we use a special fish grill or the grill oven of the gas stove.

補足 Our kitchen knife is large and wide. This is good for cutting fish. We have a big bowl with a rough surface inside. This is for grinding sesame seeds. We also like to use a big grater for grating radish.

覚えて おきたい 語句・表現

unusual　普通でない　＊ここでは、「西洋にないもの」の意味。
gas stove　ガスコンロ
cookware　調理器
saucepan　鍋
grind　（食べ物などを）する
grater　おろし器　＊grate（食べ物などを）「おろす」

\\\\ 日本語で確認 //

独自のアイテムもあります。

さわり 　日本の台所には、西洋にはないものがいくつかあります。ガスコンロ、電子レンジ、トースターは見ればわかるでしょう。ほかに、炊飯器、米びつ、湯沸かし器もあります。

詳しく 　日本でもフライパンや鍋のような、西洋の調理器を使います。魚を焼くには、専用の魚焼き器またはガスコンロのグリルオーブンを用います。

補足 　日本の包丁は大きくて幅が広くなっています。これは魚を切るのに便利です。内側がざらざらしている大きなはちはゴマをするためのものです。大根をおろすための大きなおろし器もよく使います。

＋ キーワード & ワンポイントアドバイス

　キーワードは rice cooker（炊飯器）、rice bin（米びつ）、water heater（湯沸かし器）。
　日本初心者の外国人は、見た目には何なのかわからないことが多いようですが、それぞれこのように短い言葉で説明できます。本文ですりばちについて触れたのは、筆者の外国人の知り合いが、どんぶりと勘違いしてすりばちを買ってきたためです。
　90ページの「和食器」も参照。

コンビニ

It's a part of the Japanese life.

さわり In Japan, you will see a *konbini* on almost every block. The word *konbini* comes from the English word "convenience." So, it is like a North American convenience store. Most *konbini* are open 24 (twenty-four) hours a day, seven days a week.

詳しく In a *konbini*, you can buy daily goods and sweets. You can also buy meals like salads and lunch boxes. You can even send packages by courier from one.

補足 *Konbini* is now a part of Japanese life. Some people even say they can survive if they have a wallet, a cellphone, and a *konbini*.

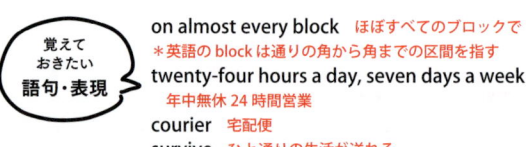

覚えて
おきたい
語句・表現

on almost every block ほぼすべてのブロックで
＊英語の block は通りの角から角までの区間を指す
twenty-four hours a day, seven days a week
年中無休 24 時間営業
courier 宅配便
survive ひと通りの生活が送れる

Konbini

日本人の生活の一部です。

さわり 日本には、1ブロックにひとつと言っていいほどのコンビニがあります。「コンビニ」という言葉は、英語のconvenience に由来しています。つまり北米のコンビニエンス・ストアのようなものです。ほとんどのコンビニは、毎日24時間営業しています。

詳しく コンビニでは日用雑貨や菓子が買えます。サラダや弁当などの食事も買えます。宅配便で荷物を送れるところさえあります。

補足 コンビニは今では日本人の生活の一部です。財布と携帯とコンビニがあれば日本でひと通りの生活ができると言う人もいるほどです。

✚ キーワード ＆ ワンポイントアドバイス

キーワードは convenience store（コンビニ）。

北米でコンビニ機能をもつ店は、corner store とも呼ばれます（角 corner にあってもなくてもこのように呼ばれます）。

日本のコンビニの原型であり、早朝から深夜まで開いていて、菓子、飲み物、洗剤、ペットフードなど、スーパーが閉まった後に買い忘れたものを買えます。しかし、今の日本のコンビニほど、ありとあらゆる製品と機能がそろっていて、生活の一部と言えるほどではありません。

プリクラ

\\ 英語で言ってみよう //

It's not just a photo kiosk.

さわり *Purikura*, an abbreviation of "print club," is a kind of photo kiosk found in cities throughout Japan. The difference between a *purikura* and an ordinary photo kiosk is that a *purikura* prints out stickers of your photos on the spot.

詳しく The *purikura* also lets you modify your images to a great extent. For example, you can make your skin shiny or your eyes bigger using its special features.

補足 Some *purikura* kiosks can take photos of you together with images of *anime* characters or TV stars. This feature is popular among children and teenagers, and many put those stickers on their cellphones or smartphones.

覚えておきたい 語句・表現

abbreviation　略語
kiosk　スタンド、ボックス
ordinary　普通の
modify　変更する、加工する
to a great extent　大幅に
make A look shiny　A をつやつやに見せる

Purikura

\\ **日本語で確認** //

単なる写真撮影ボックスでは
ありません。

さわり プリクラは「プリントクラブ」の略語で、日本中の町で見かける写真撮影ボックスのことです。プリクラと通常の写真ボックスの違いは、プリクラはその場で写真のステッカーを印刷することです。

詳しく また画像を大幅に加工することもできます。たとえば、プリクラの特殊機能で、肌をツヤツヤにしたり、目を大きくすることもできます。

補足 中には、アニメキャラクターやアイドルと写真を撮ることができるものもあります。この機能は子どもや10代の若者に人気で、彼らは携帯やスマホにそういったステッカーを貼っています。

➕ **キーワード ＆ ワンポイントアドバイス**

キーワードは *Purikura* prints out stickers.（プリクラはステッカーを印刷する）。

The resolution is very good.（解像度がとてもいいんですよ）、It only costs a few hundred yen.（数百円しかしませんよ）などと付け加えてもいいでしょう。

パチンコ

\\ 英語で言ってみよう //

It's your local neighborhood casino.

さわり *Pachinko* is a mix between a pinball game and a slot machine. *Pachinko* parlors are almost always crowded. You can get prizes based on the number of balls you win, so you could call it "your local neighborhood casino."

詳しく In a *pachinko* game, you operate a handle or dial to shoot up balls into the pegboard. If your ball enters a hole, you are given extra balls. If you get lucky and your ball makes it to a special hole, you get even more balls.

補足 The prizes are sweets, cigarettes, household goods, and sometimes even fresh food. The rate of winning is computer-controlled.

覚えておきたい 語句・表現

neighborhood　近所
pachinko parlor　パチンコ店
crowded　混雑している
extra　追加の
household goods　日用品
computer-controlled
　コンピュータでコントロールされている

Pachinko

\\\\ 日本語で確認 //

近所のカジノのようなものです。

さわり 　パチンコはピンボールゲームとスロットマシーンを混ぜ合わせたゲームです。パチンコ店は、ほぼいつも混雑しています。獲得した玉の数によって景品がもらえるため、「近所のカジノ」と呼ぶこともできます。

詳しく 　パチンコでは、ハンドルかダイヤルを操作して台に玉を打ち上げます。玉が穴に入ると多くの玉を獲得できます。運よく特別な穴に玉が入ると、さらに多くの玉を獲得できます。

補足 　パチンコの景品は、菓子、タバコ、日用品のほか生鮮品である場合さえあります。パチンコゲームの勝敗率はコンピュータでコントロールされています。

➕ **キーワード ＆ ワンポイントアドバイス**

キーワードは local neighborhood casino（近所のカジノ）。
　北米やヨーロッパでは、ギャンブル性をもつ施設の商業運営が法律で許可されている場所が、ラスベガスやモナコなど一定の地域に集中しているため、西洋人などは町のいたるところにパチンコ店があることを不思議に思いがちです。

カラオケ

We relieve stress by singing songs with *karaoke*.

さわり *Karaoke* is a form of private entertainment born in Japan. Many Japanese relieve stress by singing songs with *karaoke*. It is a major entertainment for men and women of all ages. You can sing all types of Japanese songs, and English songs from the Beatles to Lady Gaga!

詳しく *Karaoke* started in the 70s (seventies) to 80s (eighties) when bars played recorded music for their customers to sing with.

補足 These days, we have *karaoke* rooms where people can enjoy *karaoke* in small groups. You can get drinks and snacks in these places, but the main reason for going to *karaoke* rooms is to sing your hearts out.

覚えておきたい 語句・表現

relieve stress　ストレスを解消する
men and women of all ages　老若男女
rooms where people can enjoy *karaoke*
　人々がカラオケを楽しめる部屋
sing your heart(s) out　思いきり歌う

Karaoke

カラオケで歌を歌って
ストレスを解消します。

さわり カラオケは日本発祥のプライベートエンターテイメントです。日本人の多くがカラオケで歌を歌ってストレスを解消します。老若男女のためのメジャーなエンターテイメントです。あらゆる種類の日本の歌と、ビートルズからレディー・ガガまでの英語の歌を歌えるんです！

詳しく カラオケは、70年代から80年代にバーなどでレコード音楽を再生し、客が歌ったのが始まりです。

補足 最近では数人の仲間とカラオケを楽しむカラオケボックスもあります。こういった場所では、ドリンクと軽食も取れますが、カラオケボックスに行く主な目的は思いきり歌うことです。

➕ **キーワード ＆ ワンポイントアドバイス**

キーワードは a major entertainment for men and women of all ages（老若男女のためのメジャーなエンターテイメント）。
カラオケは今では日本から輸出された英語、*karaoke* となり、英語圏の人のほとんどに理解されます。 ただし、日本語の発音で「カラオケ」と言っても通じないことが多いでしょう。発音をカタカナで書くなら「カラオケイ」から「キャリオキー」までいろいろです。

居酒屋

We enjoy all kinds of drinks and foods.

さわり In the Japanese style casual restaurant called *izakaya*, you can enjoy all kinds of drinks and foods. It is best to go to an *izakaya* with a group of friends. The *izakaya* is casual, so you can talk and laugh in a loud voice!

詳しく The food in an *izakaya* is just as important as the drinks. The *izakaya* food menu has a wonderful variety from casual appetizers to *sushi* or steak.

補足 When you sit at the table, they may serve a small appetizer that you didn't order. Even though some *izakaya* charge you for this, you cannot return it.

覚えて
おきたい
語句・表現

all kinds of　あらゆる種類の
it is best to [v]　[v] することをすすめる
＊[v] の部分には動詞の原形が入る。
A that you didn't order　（あなたが）注文しなかった A
even though [sv]　[sv] だとは言っても
＊[sv] の部分には、主語と動詞をもつ節が入る。

\\\ **日本語で確認** //

さまざまな飲み物や食べ物を楽しみます。

さわり「居酒屋」と呼ばれる気さくな食事処では、あらゆる種類の食べ物と飲み物が楽しめます。居酒屋には友人同士のグループで行くのが一番いいでしょう。気さくな雰囲気なので大声で話し、笑ってもいいんです！

詳しく 居酒屋での食べ物は、アルコール飲料と同じぐらい重要です。居酒屋の食べ物メニューのバラエティーは広く、簡単なおつまみから寿司やステーキまであります。

補足 テーブルに着くと、注文していない小さなお通しが出てくるかもしれません。居酒屋の中にはこれに課金するところもありますが、客がこれを返すことはできません。

➕ **キーワード & ワンポイントアドバイス**

キーワードは casual（カジュアル）。
割烹や高級寿司店より気軽に入れる雰囲気と、さまざまな飲み物と食べ物が手軽な価格で楽しめることから、世界の友人と気軽に行きたいところです。
昨今、ロンドンやニューヨークなどの英語圏の大都市では *izakaya* ブームが起こり、*izakaya* で通じることが多くなりました。

ラーメン

It's different from *soba* or *udon*.

さわり *Ramen* is a noodle soup dish. You see many ramen restaurants in Japan and people often go to them because they are casual and prices are reasonable.

詳しく *Ramen* is different from *soba* and *udon* because it uses meat for its soup stock. *Soba* and *udon* use fish or seaweed. *Ramen* soup may also have garlic, soy sauce or miso added to its base. Popular toppings are roasted pork and chopped green onions.

補足 Different areas specialize in different kinds of *ramen*. The famous specialty *ramen* of Hakata uses a white soup taken from pork bones.

覚えて
おきたい
語句・表現

stock　だし汁
topping　具
roasted pork　焼き豚
A specialize(s) in B　A は B を名物にしている
specialty　特産、専門
slurp　音を出してすする

Ramen Noodle Soup

\\\ **日本語で確認** //

そばともうどんとも違うんです。

さわり ▶ ラーメンはスープに麺のつかった食べ物です。日本には多くのラーメン店があり、気さくな雰囲気で価格が手ごろなので、日本人はよくラーメン店に行きます。

詳しく ▶ ラーメンは、スープのだし汁に肉を使っているため、そばやうどんとは異なります。そばとうどんは魚か海藻のだし汁を使っています。ラーメンスープはまた、にんにく、しょうゆ、みそなどをベースに加えていることがあります。具としては、焼き豚、刻みネギが人気です。

補足 ▶ 地域によって、さまざまなラーメンがあります。博多の名物ラーメンは、豚骨からとった白いスープを使います。

➕ キーワード ＆ ワンポイントアドバイス

キーワードは、meat stock（肉のスープ）。
こう言うことで、そば・うどんとの違いを説明します。
西洋では、食べるときに音を出すのはマナー違反とされますが、ラーメンを食べるときには You can slurp when eating Japanese noodles. Maybe it tastes better when you slurp!（日本の麺類は、音を出してすすってもいいんですよ。そのほうがおいしいかもしれませんよ！）などと話してみましょう。

テレビゲーム

Japan is the home of Nintendo and PlayStation®.

さわり People of all ages enjoy video games in Japan. You often see people playing portable games in trains.

詳しく The two big companies in this field are Nintendo and Sony. Nintendo began as a maker of Japanese playing cards called *hanafuda* over 100 (one hundred) years ago. Sony makes the popular PlayStation series.

補足 Some machines with a sensor can recognize your voice and motion. In some home video games, you can play sports with a fictional character on-screen by moving your real body.

覚えて
おきたい
語句・表現

home　ここでは「ベース、本拠地」の意味
people of all ages　あらゆる年齢層の人々
playing cards　カードゲーム
＊通常は、トランプを指す
recognize　認識する
fictional　フィクションの

Video Games

\\\\ 日本語で確認 //

日本は任天堂とプレイステーション®の本拠地です。

さわり

日本で、テレビゲームはあらゆる年齢層の人に楽しまれています。電車の中で携帯ゲームで遊んでいる人を見かけることも多いでしょう。

詳しく

この分野における二大企業は任天堂とソニーです。任天堂は100年以上前に日本のカードゲームである花札の製造会社として始まりました。ソニーは人気のプレイステーションシリーズを作っています。

補足

声や動作を認識するセンサー付きの装置もあります。据え置き型のテレビゲームでは、自分自身の体を動かして、スクリーン上のフィクションのキャラクターとスポーツをすることができるものもあります。

キーワード & ワンポイントアドバイス

キーワードはvideo（ビデオ）。

日本で「テレビゲーム」と言うことから、TV gameと言ってしまいがちですが、これは和製英語をもつ日本人が犯しがちなミス（本章のコラム80ページを参照）ですので気をつけましょう。

ファミコン＝ファミリーコンピュータも和製英語で、これも英語では一般的にvideo gameです。

マンガ

Manga can be both entertaining and educational.

さわり *Manga* is an important part of Japanese popular culture. It is entertainment for men and women of all ages. But it's more than just entertainment; it can be educational too.

詳しく There are many themes, from science fiction to sports to love. There are also *manga* about history and famous people.

補足 The most famous *manga* artist of Japan is probably Osamu Tezuka. He created many great *manga* including *Astro Boy*. The subjects were often science fiction and history. *Astro Boy* has been made into *anime* and it became the first Japanese *anime* broadcast abroad.

> 覚えて
> おきたい
> 語句・表現

educational　教育的な、勉強になる
popular culture　大衆文化
more than just A　A であるだけではない
including A　A を含む
subject　題材
broadcast　放映する、放映される

Manga

日本語で確認

エンターテイメントであるほか、勉強にもなります。

さわり マンガは日本の大衆文化の重要な一翼を担っています。老若男女のエンターテイメントです。でも、エンターテイメントであるだけでなく、勉強にもなります。

詳しく SFからスポーツ、恋愛まで、あらゆるテーマのマンガがあります。歴史や著名人が題材のマンガもあります。

補足 日本で一番有名な漫画家はおそらく手塚治虫です。彼は、『鉄腕アトム』を含む多くの偉大なマンガを創作しました。多くの場合、題材はSFや歴史でした。『鉄腕アトム』はアニメ化され、海外で初めて放映された日本のアニメになりました。

✚ キーワード ＆ ワンポイントアドバイス

キーワードは educational（勉強になる）。

日本では教育的なマンガも多いのですが、英語で comics と言えば、『バットマン』や『スパイダーマン』など、少年向けのものが多いです。

また、日本のマンガは暴力的で女性蔑視、というイメージを抱いている外国人もいるため、*Most manga* are not like that.（ほとんどのマンガはそうではありません）、と強調しましょう。

漫画はほとんどの場合、*manga* で通じます。

73

\\ **英語で言ってみよう** //

It's a part of Japanese art.

さわり Both TV and movie *anime* are important entertainment for the Japanese. Those who were born in the 60s (sixties) or later have been watching a lot of *anime*.

詳しく Although it is Walt Disney that first spread animation around the world, many great animation works have been produced in Japan as well.

補足 The most famous *anime* creator today is probably Hayao Miyazaki. His works are internationally known and he has received an Academy Award for animation.

覚えておきたい 語句・表現

those who were born in the 60s or later
60 年代以降に生まれた人
although [sv]　[sv] であるが
it is A that spread B　B を普及させたのは A である
〜 as well　（〜を受けて）同様に
internationally known　国際的に知られている
award　賞

Anime

日本のアートの一翼を担っています。

さわり　テレビと映画の双方で、アニメは日本人にとって重要なエンターテイメントです。60年代以降に生まれた日本人は、ふんだんにアニメを見てきています。

詳しく　アニメーションを世界で最初に普及させたのはウォルト・ディズニーですが、日本でも数々の優れたアニメ作品が生み出されています。

補足　現在、一番有名なアニメ制作者はおそらく宮崎駿です。彼の作品は国際的に知られ、アニメ部門でアカデミー賞を受賞しました。

第2章　自宅に招待しよう

✚ **キーワード & ワンポイントアドバイス**

キーワードは anime（アニメ）と animation（アニメーション）。「アニメ」という和風英語が日本から英語圏に逆輸入され、英語圏でそのまま使われています。日本を代表する文化の一環を担っており、英語圏の学生には、アニメをきっかけに日本に興味を持ったという人も少なくありません。

J-POP

It's more than just the music.

さわり J-POP is Japanese pop music. It is a type of music for young people. It is something like American or British popular music. You often hear J-POP on the streets and in the shops of Japan.

詳しく J-POP artists are more than just singers. They are often also actors, comedians, dancers, or MCs of TV programs. Maybe for this reason, not all are good at making or singing music.

補足 For example, the very popular J-POP boy band Arashi isn't only about music and looks. Japanese women and girls like them also because of their abilities in conversation, dance, and acting.

覚えて
おきたい
語句・表現

A is something like B AはBのようなもの
MC 司会
not all are good at A みんながAがうまいとは限らない
A isn't only about B AはBだけがすべてではない
ability 能力

\\\\ 日本語で確認 //

音楽以外でも勝負しています。

さわり J-POP は日本のポップ音楽です。若者向けの音楽の1タイプです。アメリカやイギリスのポップ音楽のようなもので日本の街や店でよく耳にします。

詳しく J-POP のアーティストは歌手であるだけではありません。俳優、コメディアン、ダンサー、テレビ番組の司会者であることもよくあります。このためか、必ずしも皆、歌を作ったり歌ったりするのがうまいわけではありません。

補足 たとえば、大変人気のある J-POP 男性グループ、嵐は音楽とルックスだけがすべてではありません。日本の女性や女子が彼らを好きなのは、しゃべり、ダンス、演技が理由でもあります。

➕ キーワード ＆ ワンポイントアドバイス

キーワードは more than just singers（歌手であるだけではない）。J-POP と言って通じなければ、Japanese pop music と言い換えましょう。pop は popular の略語です。「嵐はアイドルグループです」は、Arashi is a popular boy band. または Arashi is a boys idol group. などと言います。

部活

There are various after-school activities.

さわり In many Japanese high schools, students must join at least one after-school club. There are clubs for many activities. Most high schools have clubs for sports such as tennis or baseball. Students can also join clubs for hobbies, like reading or cooking.

詳しく The clubs are often an important part of school life. They often go on camps. Many students make lifelong friends through their clubs.

補足 Club activities can become very serious. For example, high-school baseball is very competitive and the national tournaments are broadcast nationwide. Baseball players who are both skilled and handsome have passionate fans!

覚えて おきたい 語句・表現

at least　少なくとも
camp　合宿
lifelong friend　生涯の友
competitive　競争力が高い
baseball players who are A　A である野球選手
passionate　情熱的な

School Clubs

放課後に
さまざまな活動があります。

さわり　日本の中学・高校の多くで、生徒は最低ひとつの課外クラブに参加しなければなりません。さまざまな活動があります。ほとんどの中学・高校には、テニスや野球のようなスポーツクラブがあります。生徒はまた、読書や料理など、趣味のクラブに入ることもできます。

詳しく　クラブは生徒の中高時代の重要な一翼を担います。合宿がしばしば行なわれます。生徒の多くは、クラブで生涯の友人を作ります。

補足　クラブ活動の中には大変本格的になるものがあります。たとえば、高校野球はとてもレベルが高く、全国大会は全国放送されます。上手でイケメンの選手には、情熱的なファンがいるんです！

第2章　自宅に招待しよう

➕ **キーワード & ワンポイントアドバイス**

キーワードは after-school club（放課後のクラブ）。
「クラブ活動があるんです」は、I have club activities at school. または、I have extracurricular activities at school. と言います。
extracurricular は上級の単語ですが、「課外」という意味です。

恐怖の和製英語

「コンビニ」と「テレビゲーム」─。いずれもこの章の項目ですが、konbini と言っても、TV game と言っても、英語圏の人には十中八九通じません。和製英語なのです（自然な英語については、58 ページと 70 ページをご覧ください）。

日本では日々、和製英語が作られています。筆者のように英語圏で生活する日本人にとって、新しい和製英語は実は恐怖の対象です。しばらく日本を離れていると、英語とは別の意味をもつものが何を意味するのかわからなくなるのです。最近わからなかったのは、「テンション」です。英語で You have high tension! などと言うと、（相手の肩をさわりながら）「コってるね〜」と言っていることになります。「テンションが高い」を英訳するとすれば You're so excited! でしょうか？「ゲリラ豪雨」もわかりませんでした。ゲリラの英語にあたる guerrilla は、戦争におけるゲリラ兵以外の意味がないからです。私の住むカナダにもゲリラ豪雨は降りますが、それは sudden torrential rain（突然で、局地的な雨）と呼ばれます。guerrilla rain のほうが覚えやすく、語呂がいいので、いつか和製英語の逆輸入が起きるかもしれません（?）。

海外在住者にとって、このようなズレを見たり聞いたりすることは日常茶飯事です。それが国際交流の難しさであり、また楽しみでもあるのかもしれません。

あなたは、シンガポールからやってきた友人のチャウさんと新幹線を利用して旅し、温泉旅館に宿泊します。日本の旅館は初めてのチャウさんに、浴衣の着方や風呂の使い方を教えます。

ふたりは、おいしい和食を楽しみますが慣れないチャウさんには、和食器の使い方も説明することが必要です。

この章では外国から来た方に、日本の旅館や食べ物を心ゆくまで楽しんでもらうためのテーマを集めました。

第3章 旅館に泊まってみよう

新幹線

It's one of the world's fastest trains.

さわり The *Shinkansen* is one of the world's fastest trains. They run at 250 (two hundred fifty) kilometers per hour or faster. The *Shinkansen* network connects almost all major cities in Japan.

詳しく It first ran in 1964 (nineteen sixty-four) in the year of the Tokyo Olympics. Since then, the *Shinkansen* has been getting attention from the world as a symbol of Japanese technology.

補足 In the 1960s (nineteen sixties), the *Shinkansen* became the fastest in the world. It is still one of the world's fastest trains.

覚えて おきたい 語句・表現

per hour　1時間につき
as of 〜　〜時点で
since then　それ以来
attention　注目
TGV　TGV（ティージービー）
＊新幹線とよく比較されるフランスの高速電車。

The Bullet Train

世界最速の電車の
ひとつです。

さわり　新幹線は、世界最速の電車のひとつです。時速およそ250キロ以上で走ります。新幹線ネットワークは日本の主要都市のほとんどをつないでいます。

詳しく　1964年、東京オリンピック開催の年に開通しました。それ以来、新幹線は日本の技術の象徴のひとつとして、世界から注目されてきました。

補足　1960年代、新幹線は世界で一番速い電車となりました。今も世界最速の電車のひとつであり続けています。

✚ キーワード ＆ ワンポイントアドバイス

キーワードは a symbol of Japanese technology（日本の技術の象徴のひとつ）。海外にも高速電車はありますが、外国人に驚かれるのは到着時刻の正確さと運行数の多さ。They are punctual.（ダイヤが正確です。「ダイヤ」は和製英語です）、または、At most times, there are more than ten trains running every hour between Tokyo and Osaka.（東京 – 大阪間では、ほとんどの時間、1時間につき10本以上が運行しています）などと話してみましょう。

旅館

Enjoy the traditional architecture and accommodation style.

さわり In Japan, there are two types of inns: the Western style hotel and the traditional Japanese style inn called a *ryokan*. In many *ryokan*, you can enjoy the old-style accommodation, Japanese food, and hot springs.

詳しく When you enter your room, you will find tea, sweets, and a *yukata*. *Yukata* is a *kimono*-style sleepwear. You can also wear this to the public bath or to the public eating area.

補足 At night, you sleep in a *futon* on the *tatami* floor. The *futon* you sleep on is a thin folding mattress. The top *futon* is like a comforter. The staff prepare the *futon* on the floor at night.

覚えて
おきたい
語句・表現

architecture　建築
accommodation　宿泊、宿泊施設
sleepwear　寝巻き
public eating area　食事処
folding　折りたたみ式の
comforter　掛けぶとん

Traditional Japanese Inns

昔ながらの建築様式と宿泊スタイルを お楽しみください。

さわり 日本にはふたつのタイプの宿泊施設があります。洋式のホテルと、旅館と呼ばれる日本式の宿泊施設です。多くの旅館では、昔ながらの宿泊、和食、温泉を楽しむことができます。

詳しく 部屋に入ると、お茶と菓子そして浴衣が用意されています。浴衣は着物のような寝巻きです。公衆浴場と食事処に行くときにも着ることができます。

補足 夜は、畳に敷かれたふとんで眠ります。敷きぶとんは薄い、折りたためるマットレスです。掛けぶとんはコンフォターのようなものです。旅館の従業員が夜になるとふとんを敷いてくれます。

第3章 旅館に泊まってみよう

＋ キーワード & ワンポイントアドバイス

キーワードは traditional style（伝統的なスタイル）。
英語圏でいう *futon* は、輸出されて以来ひとり歩きした英製和語（第5章のコラム160ページ参照）で、折りたたみ式のソファベットを意味します。実際の日本のふとんはどんなものなのかを本文のように説明しましょう。

日本庭園

They simulate nature.

さわり Many shrines, temples, traditional inns, and large houses have Japanese gardens. These gardens often simulate nature. For example, mountains are simulated by piling up earth, and water is drawn to create small rivers.

詳しく Most Japanese gardens are simple in design. They don't have many flowers like in Western gardens. You will see many trees, moss, stones, and pebbles.

補足 Perhaps the most famous Japanese garden is the Ryoan Temple Garden of Kyoto. This very simple garden does not use water. It is only made of pebbles, stones and moss. This garden is said to represent Zen philosophy.

覚えて
おきたい
語句・表現

simulate　模倣する
earth　土
drawn > draw　引く
moss　苔
pebble　砂利、小石
represent　表す

Japanese Gardens

自然をシミュレーションします。

さわり　神社、寺、旅館、屋敷の多くに日本庭園があります。日本庭園は往々にして、自然を模しています。たとえば、土を盛って山を、水を引いて小川を作ります。

詳しく　ほとんどの日本庭園はシンプルなデザインです。西洋の庭のようにたくさんの花はありません。木、苔、石、砂利をよく用います。

補足　最も有名な日本庭園はおそらく京都の龍安寺の庭でしょう。非常にシンプルなこの庭は水を使わず、砂利と石と苔だけでできています。禅の哲学を表していると言われます。

第3章　旅館に泊まってみよう

＋ キーワード ＆ ワンポイントアドバイス

キーワードは simulate nature（自然を模倣する）。

四季折々の花で埋め尽くされた英国庭園などに比べ、シンプルな日本庭園は想像力をかきたてるものなので、Please use your imagination freely.（自由に想像してくださいね）と話してもいいでしょう。

枯山水のミニチュア箱庭を外国人へのお土産にし、本文のような説明を加えると喜んでもらえるでしょう。

温泉

\\\\ 英語で言ってみよう //

It's a traditional-style Japanese spa.

さわり The Japanese people have loved hot spring spas for a long time. Because Japan has many volcanoes, there are many hot springs. The spas help you relax and heal your body.

詳しく Many spas also have an outdoor bath. You can relax in the open air. Most spas are public baths and we bathe naked.

補足 When you enter the bath, you will see a washing area with stools and maybe a shower. Use the shower or the basins near the stools to wash yourself. When you are clean, you can go in and enjoy the wonderful hot spring.

覚えて
おきたい
語句・表現

volcano　火山
outdoor bath　露天風呂
open air　野外
public bath　公衆浴場
bathe naked　裸で入浴する
basin　洗面器

昔ながらの日本のスパです。

さわり 日本人は長い間、温泉浴を愛好してきました。日本は火山の多い国ですから、温泉が豊富です。温泉は人をリラックスさせ、体を癒してくれます。

詳しく 温泉場の多くには露天風呂もあります。開放的な屋外でリラックスできます。温泉のほとんどは公衆浴場になっていて、裸で入ります。

補足 浴場に入ると洗い場にはいすがあり、シャワーも付いているかもしれません。シャワーまたは、いすの近くにある洗面器を使って体を洗ってください。きれいになったら、温泉を楽しんでください。

✚ キーワード ＆ ワンポイントアドバイス

キーワードは Japanese style spa（日本式スパ）。
リラックスするための入浴施設なんです、という話から始めたほうがわかってもらいやすいでしょう。
古代ローマのカラカラ浴場など西洋にも温泉に入る伝統はあり、北米西部などには温泉浴場がありますが、水着で入るのが普通ですから、本文のように、We bathe naked.（裸で入るんですよ）と説明します。
54ページの「お風呂」も参照。

和食器

You can lift your dishes when you eat.

さわり Many different bowls and dishes are used for Japanese food. We use flat plates, rice bowls, and soup bowls. We also have a Japanese-style teapot and teacups.

詳しく On a table you will see small items like chopsticks, chopstick rests, and small plates that are used for dipping food in soy sauce.

補足 You can lift your dish when eating. To do so, use the hand that is not holding the chopsticks. When lifting your cup of tea, try to hold the side of the cup with one hand and support the bottom of the cup with the other hand. It is best not to pick up the flat plates.

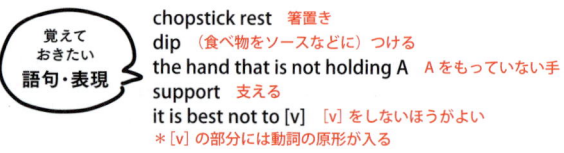

覚えて
おきたい
語句・表現

chopstick rest　箸置き
dip　（食べ物をソースなどに）つける
the hand that is not holding A　Aをもっていない手
support　支える
it is best not to [v]　[v]をしないほうがよい
＊[v]の部分には動詞の原形が入る

90

\\ **日本語で確認** //

食べるとき、食器をもち上げても いいんです。

さわり 　和食にはさまざまな椀や皿が用いられます。平皿、茶碗、汁椀などがあります。また、急須と湯飲みもあります。

詳しく 　テーブルには箸、箸置きや、料理にしょうゆをつける小さな皿も見かけます。

補足 　食べるときに食器を手でもち上げてもかまいません。これには、箸をもっていないほうの手を使います。お茶の入った湯飲みをもち上げるときは片方の手を側に、もう片方の手を底に置いて支えるといいでしょう。平皿はもち上げないほうがいいでしょう。

➕ **キーワード ＆ ワンポイントアドバイス**

　キーワードは You can lift your dish.（食器をもち上げてもかまいません）。
　西洋のテーブルマナーではカップ以外をもち上げることはマナー違反とされていますので、和食器はもち上げてもいいんですよ、とこのように伝えましょう。汁物の飲み方も外国人にとって難しいものです。Please sip directly from the bowl.（椀から直接すすってください）と伝えると親切です。

日本酒

\\ 英語で言ってみよう //

It's rice wine.

さわり *Sake* is a Japanese rice wine. It has been enjoyed in Japan for tens of centuries. You can drink it hot or cold. Its alcohol content is about 15% (fifteen percent).

詳しく *Sake* is brewed by fermentation of rice with malt and water. Clear *sake* is made by filtering the fermented product. After filtering, it is stored for six months or longer. Just like with wine, making clear *sake* is a delicate job.

補足 There are many brands of *sake*. Every area in Japan has its own local specialty sake. Some are sweet and some are dry.

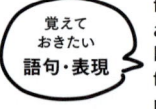
覚えて
おきたい
語句・表現

for tens of centuries　何十世紀もの間
alcohol content　アルコール度数
brewed　醸造された　＊brew は動詞で「醸造する」の意味。
fermentation　発酵　＊ferment は動詞で「発酵する」の意味。
malt　麹
local specialty　地元の名産

Sake

米のワインです。

さわり　日本酒は米のワインです。日本で何十世紀にもわたって楽しまれてきました。熱燗で飲むことも冷酒として飲むこともできます。アルコール度数は約15%です。

詳しく　酒は、米に麹と水を合わせ、発酵させて醸造します。清酒はこの発酵物をろ過して作られます。ろ過の後、半年以上貯蔵します。ワインと同様、清酒作りはデリケートな作業です。

補足　さまざまな銘柄の日本酒があります。日本の各地域には、地酒があります。甘口のものもあれば、辛口のものもあります。

第3章　旅館に泊まってみよう

✚ キーワード ＆ ワンポイントアドバイス

キーワードは fermentation（発酵）。
形容詞は fermented で、たとえば納豆は、fermented soybeans です。上級の単語ですが、日本酒と納豆のほか、みそ、しょうゆの説明にも使えますので、覚えるととても便利です。
sake は英語圏で一般化していますから、そのまま使うこともできます。

93

焼酎

It's Japanese vodka.

さわり *Shochu* is a Japanese vodka made from rice, barley or rye. *Sake* is fermented, but *shochu* is distilled. Some brands are also made from sweet potato, unrefined sugar or corn.

詳しく *Shochu* has an alcohol content of about 25 (twenty-five) to 45% (forty-five percent). It is normally mixed with hot or cold water. The production process is similar to that of vodka. The Kyushu region is famous for making *shochu*.

補足 *Shochu* goes well with many other drinks, so it can be enjoyed as a cocktail. A popular cocktail called *chuhai* is *shochu* mixed with soda water. *Shochu* is also good with fruit juices.

> 覚えて
> おきたい
> **語句・表現**

vodka　ウォッカ　＊英語ではヴォッカに近い発音。
barley　大麦
rye　ライ麦
distill　蒸留する
sweet potato　さつまいも
unrefined sugar　黒砂糖

Japanese Vodka

\\\　日本語で確認　//

日本のウォッカです。

さわり　焼酎は米、大麦、ライ麦などから作られる、日本のウォッカです。日本酒は発酵させていますが、焼酎は蒸留されています。銘柄によって、さつまいも、黒砂糖、とうもろこしからできているものもあります。

詳しく　アルコール度数は約25〜45％です。通常お湯か水で薄めます。生産の過程はウォッカのものと似ています。九州地方が焼酎の生産で有名です。

補足　焼酎はほかのさまざまな飲み物とよく合いますので、カクテルにして楽しめます。人気のカクテルであるチューハイは、焼酎と炭酸水を合わせたものです。フルーツジュースと合わせてもおいしいです。

➕ キーワード ＆ ワンポイントアドバイス

キーワードは distilled（蒸留された）。
焼酎は生産過程の似ているウォッカを使って、Japanese vodka と言うことができます。 distilled liquor は蒸留酒のこと。上級の単語ですが、アルコール飲料はおおまかに brewed（醸造）あるいは distilled で分類するため、焼酎の説明として覚えておくと便利です。
蒸留酒は spirit（スピリッツ）とも呼ばれますので、焼酎は Japanese spirit と訳すこともできます。

寿司と刺身

英語で言ってみよう

Sushi is not the same as *sashimi*.

さわり The word *sushi* in Japan means a food made of seasoned rice with a topping. The topping is often fish, but can also be other things. Many non-Japanese people think *sushi* means just raw fish, but this is a mistake. *Sashimi* is sliced raw fish.

詳しく *Sushi* may seem simple to make, but some types, like the famous Tokyo style, need professional skill. This type of *sushi* is a treat.

補足 The Tokyo-style *sushi* is a ball of seasoned rice topped with a slice of fish. You enjoy this in one bite. At home, people make rolls or just seasoned rice with their favorite toppings.

覚えて
おきたい
語句・表現

food made of A　A でできた食べ物
topping　ネタ
treat　ごちそう
A topped with B　B をのせた A
in one bite　ひとくちで
rolls　巻き寿司

Sushi and Sashimi

寿司は刺身と同じじゃないんです。

さわり　日本で寿司という語は、酢飯にネタをのせた食べ物を指します。ネタは魚であることが多いのですが、ほかのものもあり得ます。外国人はしばしば、sushi は生魚のことだと思っていますが、それは間違いです。生魚をスライスしたものは刺身です。

詳しく　寿司は簡単に作れるように見えるかもしれませんが、有名な江戸前寿司などのタイプにはプロの腕が必要です。こういった寿司はごちそうです。

補足　江戸前寿司は、にぎった酢飯に魚の切り身をのせたものです。ひとくちでいただきます。家庭では巻き寿司や、酢飯に好きなネタをのせるだけのちらし寿司が作られます。

✚ キーワード ＆ ワンポイントアドバイス

キーワードは seasoned rice（酢飯）。実際には、酢のほかにだしや砂糖も入っているので、seasoned（味付け）と訳すのがより正確です。「江戸前」の訳が Tokyo-style となるのは日本人には違和感がありますが、Edo という言葉は英語圏に浸透していませんから、これが一番わかりやすい言い方です。

第3章　旅館に泊まってみよう

97

納豆

\\\ 英語で言ってみよう //

It may seem rotten, but it is safe and healthy.

さわり A popular breakfast in Japan includes *natto*. *Natto* is fermented soybeans. It has a unique smell and a slimy texture. It might look scary, but it is safe to eat.

詳しく In the past, *natto* was popular only in Eastern Japan and was often hated in Kansai. However, it became popular all over Japan in the 90s (nineties) as a healthy food.

補足 *Natto* is made from soybeans and has isoflavones, which are said to help balance female hormones. It also has proteins and vitamins. They say natto is also good for high blood pressure.

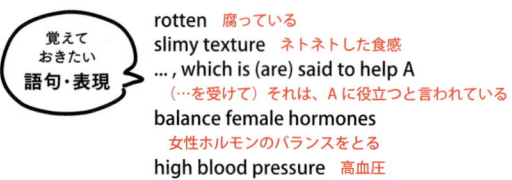

覚えて
おきたい
語句・表現

rotten　腐っている
slimy texture　ネトネトした食感
... , which is (are) said to help A
　（…を受けて）それは、A に役立つと言われている
balance female hormones
　女性ホルモンのバランスをとる
high blood pressure　高血圧

98

Fermented Soybeans

\\ **日本語で確認** //

腐っているように見えても 安全で健康的です。

さわり　日本では朝食によく、納豆を見かけます。納豆は発酵させた大豆です。独特のにおいと、ネトネトした食感があります。見た目は怖いかもしれませんが、安全な食品です。

詳しく　納豆はかつては東日本のみでよく食され、関西では嫌われていました。しかし、90年代に健康食品として日本全国で人気を得ました。

補足　納豆は大豆から作られており、イソフラボンを含んでいます。これは、女性ホルモンのバランスをとるのにいいと言われています。また、たんぱく質とビタミンも含まれています。納豆は、高血圧にも効くと言われています。

✚ キーワード ＆ ワンポイントアドバイス

キーワードは safe to eat（安全な食品）。
外国人は、納豆の見た目もにおいも腐っているようだと感じがちです。和食にはほかにも、ウニやクラゲ、イカの塩辛など見た目が危険（？）そうなものがけっこうありますので、safe to eat を覚えておくと便利です。

みそ汁

It's comfort food for the Japanese.

さわり *Miso* soup is the most common side dish. It goes with lots of Japanese foods. It is made using a soybean paste called *miso*. We grow up with *miso* soup, so it is our comfort food.

詳しく The soup is made with *miso* and fish or seaweed stock. You will often find *tofu* and vegetables in the soup, but just about anything can go in it.

補足 There are different types of *miso*. Some are dark red and others are yellow. *Miso* is also an important seasoning for many Japanese dishes.

覚えて
おきたい
語句・表現

side dish 　副菜、食事の脇役　＊メインでないものを指す
A go(es) with B 　A は B と合う
comfort food 　ほっとする食べ物
seaweed 　海藻
stock 　だし汁
just about anything 　ほとんど何でも

Miso Soup

\\\\ **日本語で確認** //

日本人がほっとする
食べ物です。

さわり
　みそ汁は、最も一般的な副菜です。いろいろな和食と相性がいいのです。みそと呼ばれる大豆のペーストで作られます。日本人はみそ汁を飲んで育ってきていますから、ほっとする食べ物なんです。

詳しく
　みそ汁は、みそと魚か海藻のだしでできています。典型的な具は豆腐や野菜ですが、ほとんど何でも入れることができます。

補足
　みそにはさまざまな種類があります。赤黒いものもあれば、黄色のものもあります。みそはまた、いろいろな日本料理の重要な調味料でもあります。

✚ **キーワード ＆ ワンポイントアドバイス**

キーワードは eat。
　汁物は日本語では飲むものですが、英語圏では食べる（eat）ものです。日本では汁物は直接お椀を口につけて液体をすするものととらえ、英語圏の soup は液体状の食べ物をスプーンですくって食べる、と考えるからでしょうか。

すき焼き

\\\ 英語で言ってみよう //

It's a beef hot pot.

さわり *Sukiyaki* is one of the most popular Japanese hot pots. It is especially popular in the winter. Ingredients such as slices of beef, *tofu*, mushrooms, and vegetables are cooked in a pot with soy sauce, stock, and sugar.

詳しく Normally, *sukiyaki* is cooked on a portable stove on the family table. Everyone shares from the same pot. It is a dish to have with family and friends.

補足 Another famous hot pot is *shabushabu*. In this kind, thin slices of beef are boiled. A *tofu* hot pot called *yudofu* is also popular. The Western fondu is also popular in Japan.

覚えて
おきたい
語句・表現

hot pot 鍋料理
one of the most popular 最も人気のあるもののひとつ
especially 特に
ingredients 食材
normally 普通、通常
portable stove 卓上コンロ

Sukiyaki

日本語で確認

牛肉を入れた鍋料理です。

さわり すき焼きは、最も親しまれる日本の鍋料理のひとつです。特に冬に好まれます。薄切り牛肉、豆腐、きのこ類、野菜などをしょうゆ、だし、砂糖を使って鍋で料理したものです。

詳しく 普通、すき焼きは家庭の食卓の卓上コンロで作られます。皆が、同じ鍋から食べます。家族や友人間で楽しむ食べ物なんです。

補足 すき焼きのほかに有名な鍋料理は、しゃぶしゃぶです。この種のものでは、薄切りの牛肉をゆでます。また、湯豆腐という鍋も人気があります。西洋のフォンデュも日本で好まれています。

✚ キーワード & ワンポイントアドバイス

キーワードは hot pot（鍋料理）。
中国や韓国にも鍋料理があり、北米やヨーロッパのアジア系のレストランで出されることが多いため、鍋料理は英語圏でも知られてきました。ヨーロッパにはフォンデュがありますから、親しみやすくもあるようです。
tofu は、英語圏で一般化しているため訳す必要はないでしょう。

英語で言ってみよう

Japanese noodles

さわり Buckwheat noodles and white wheat noodles are noodles unique to Japan. We eat them in soup made from seaweed and fish stock. Fried *tofu*, meat, and deep-fried shrimp are often used as toppings. In the summer, we dip cold noodles in a dipping sauce.

詳しく Buckwheat noodles are called *soba* and white wheat noodles are called *udon* in Japanese. *Soba* is grey and looks a little like spaghetti. *Udon* is white and is thicker than *soba*.

補足 In Japan there are also white noodles called *kishimen*. This looks like fettuccini. *Somen* is white and looks like capellini.

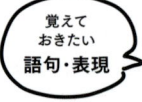
覚えて
おきたい
語句・表現

Buckwheat noodles　そば
White wheat noodles　うどん
A unique to B　B に特有の A
deep-fried shrimp　えびの天ぷら
dipping sauce　つゆ
＊つけ汁は一般にこう呼ばれる。

\\ 日本語で確認 //

日本の麺類です。

さわり　そばとうどんは、日本独自の麺類です。海藻や魚のだし汁で作ったスープに入れて食べます。具には、油揚げ、肉、えびの天ぷらがよく用いられます。夏には、冷たい麺をつゆにつけて食べます。

詳しく　buckwheat noodles は日本語で「そば」、white wheat noodles は「うどん」です。そばは、スパゲティに少し似た灰色の麺です。うどんはそばより太く、白い麺です。

補足　日本にはフェットチーネに似たきしめんという白い麺類もあります。また、そうめんは白くカッペリーニに似ています。

✚ キーワード ＆ ワンポイントアドバイス

キーワードは look like spaghetti（fettuccini, capellini）（スパゲティ［フェットチーネ、カッペリーニ］に似ている）。

ヨーロッパはもとより、北米でもパスタが嫌いな人は珍しいものです。北米にはイタリア系移民が多く、特に都市部ではイタリアンフードに口が肥えている人がたくさんいます。それを利用して日本の麺類を本文のように説明してみましょう。

そんなものは作れません

私は何度か、自宅での寿司の作り方を教えてくれ、とカナダ人に言われたことがあります。「寿司と刺身」セクション（96ページ）に書いた通り、Only trained chefs can make the Tokyo-style *nigiri* sushi.（江戸前にぎりは熟練した職人でないと無理だけど）と言って、玉子、アボカド、スモークサーモンを使った手巻き寿司の作り方を教えたところ、So, this is sushi, too!（へえー、これも寿司なんだ）と、おいしそうに食べてくれました。

Would you teach me how to brew *sake*?（日本酒の醸造の仕方を教えてくれ）と言われたこともありましたが、That's like asking you how to brew wine.（それは、ワインの醸造法を聞いてるようなものだ）と乗り切りました。この質問をした友人は Of course!（そりゃそうだ）、と爆笑していました。

とは言っても、私が最初にカナダに来た80年代に比べ、北米の人はアジアンフードをよく食べるようになりました。「この人お箸使えるんだろうか」なんて心配する必要はなく、逆に若い世代、特に都市部の住民には「使えるの？」と聞くほうが失礼です。

ですが、今では知らない外国人は珍しい *tofu* という言葉も、かつては材料から製造法まで説明しなければならなかったのだと思います。日本のものを海外に普及してくれた先人には頭が下がります。

あなたは、ドイツからやってきた友人のハイジさんと関西を巡ります。京都では神社仏閣、芸妓さんと舞妓さん、茶道・華道に加えて、昔日本の都であったこと、大阪では文楽や漫才など、関西の文化について豊かに話を繰り広げたいところです。

ハイジさんは「関西の言葉は東京と違うの？」「寺と神社の違いは？」と、鋭い質問をいろいろと投げかけてきます。

この章では、関西で出会うさまざまなテーマを取り上げます。

第4章 関西を案内しよう

\\ **英語で言ってみよう** //

An old capital of Japan.

さわり Kyoto is an old capital of Japan. The Emperor lived in Kyoto until the 19th (nineteenth) century. Then, he moved to Tokyo.

詳しく There are two reasons for Kyoto's old culture. Kyoto became the capital in the 8th (eighth) century and was the center of Japanese culture for a very long time. Also, Kyoto was not targeted for bombing during the Second World War, so we can still enjoy the many old buildings, gardens and art work.

補足 Kyoto is a big city and has many modern buildings too. But if you spend some time there, you will see many beautiful historic sites.

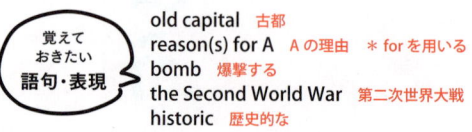

覚えて
おきたい
語句・表現

old capital　古都
reason(s) for A　A の理由　＊ for を用いる
bomb　爆撃する
the Second World War　第二次世界大戦
historic　歴史的な

Kyoto

日本の古都です。

さわり 京都は日本の古都です。天皇陛下は、19世紀まで京都に住んでおられました。その後、東京に移られました。

詳しく 京都に古い文化があるのには、ふたつの理由があります。8世紀に京都は首都となり、とても長い間、日本文化の中心地でした。また、京都は第二次世界大戦中に爆撃の対象にされなかったので、今でも多くの古い建造物や庭園、芸術作品を楽しむことができるのです。

補足 京都は大きな都市であり、近代的な建物もたくさんあります。でも、しばらく時間を過ごすと、歴史的な美しい場所に多く出会えることでしょう。

➕ **キーワード & ワンポイントアドバイス**

キーワードは old capital（古都）。
京都をひとくちで表現できます。I'm from Kyoto.（私は京都出身です）と筆者が外国人に言うと、Tokyo? と返されたことが以前はよくありました。KYOto and TOkyo（大文字部分を強調）are different cities.（京都と東京は別の都市なんです）を海外生活において嫌というほど繰り返してきましたが、最近はひとことでわかってもらえるようになりました。

第4章 関西を案内しよう

109

\\ 英語で言ってみよう //

Osaka people are funny and creative.

さわり Osaka is the second largest city in Japan. The prefecture has a population of about nine million. It was the center of economy from the 16th (sixteenth) century to the 19th (nineteenth) century.

詳しく Osaka is known for having a culture of commerce. For example, one of the traditional greetings in Osaka is, "Are you making good money?"

補足 People in Osaka are said to be funny and creative. Many top comedians in Japan come from this area. New business ideas, such as revolving *sushi*, are often born in Osaka too.

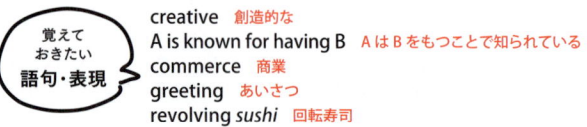

覚えて
おきたい
語句・表現

creative　創造的な
A is known for having B　A は B をもつことで知られている
commerce　商業
greeting　あいさつ
revolving *sushi*　回転寿司

\\\ 日本語で確認 //

大阪人は
おもしろくて創造的です。

さわり 　大阪は日本の第2の都市です。大阪府の人口は約900万人です。16世紀から19世紀まで日本の経済の中心地でした。

詳しく 　大阪は商人文化があることで知られています。たとえば、旧来の大阪式あいさつのひとつに「儲かりまっか？」というものがあります。

補足 　大阪の人はおもしろくて創造的だと言われます。日本のトップお笑い芸人の多くがこの地区出身です。回転寿司のような斬新な商いの発想もしばしば大阪で生まれています。

第4章 関西を案内しよう

✚ キーワード & ワンポイントアドバイス

　キーワードは culture of commerce（商人文化）。
　上級の表現ですが、歴史的に経済の中心地であったことや大阪人の気質をひとことで表せます。
　外国人をお好み焼き店や回転寿司店に連れていく際、大阪の歴史と気質を本文のように簡単に説明することで、会話がより楽しくなるでしょう。

方言

The Japanese language has many dialects.

さわり There are many dialects in Japan. We can tell where people are from by their dialects. Sometimes it is difficult to understand a person with a strong dialect.

詳しく The two major Japanese dialects you will hear on TV are the Kanto and Kansai dialects. The official Japanese used in the TV news is based on the Kanto dialect from the Tokyo region. Also, the Emperor speaks mostly in the official Japanese.

補足 The Kansai dialect is used in the areas of Osaka and Kyoto. The Kansai dialect is said to be funny and friendly.

覚えて
おきたい
語句・表現

dialect　方言
tell　わかる　＊「言う」の他にこの意味でも使う。
where people are from　人がどこ出身かということ
official Japanese　日本語の標準語
A is based on B　A は B に基づく
region　地域

112

\\\ 日本語で確認 //

日本語には
多くの方言があるんです。

さわり 　日本には多くの方言があります。人々がどこの出身かは方言でわかります。なまりが強い人は、時々理解できないことがあります。

詳しく 　テレビで聞く日本語のふたつの主要方言は関東と関西の方言です。テレビのニュースで使われる標準語は東京地方の関東方言に基づいています。天皇陛下もほとんど標準語で話されます。

補足 　関西弁は大阪や京都といった地域で話されています。関西弁は、ユーモラスでフレンドリーだと言われています。

第4章　関西を案内しよう

✚ キーワード ＆ ワンポイントアドバイス

キーワードは many dialects（多くの方言）。
　日本人にとっては、日本語というまとまりの中にさまざまな方言があるという図式ですが、たとえば中国語の広東語と北京語のように、dialect（方言）間で互いにほとんど解さないという言葉もありますので、日本語の方言の構図を本文のように話してみましょう。

神社と寺

\\ 英語で言ってみよう //

There are two different religions.

さわり Religious buildings in Japan are mostly of two types: Shinto shrines and Buddhist temples. Both of these religions have coexisted since the 6th (sixth) century.

詳しく In a shrine, the god of the shrine is worshiped. In a temple, the Buddha is worshiped. We go to the shrines to celebrate a beginning, like New Year's Day or a birth. We go to temples to commemorate endings, like New Year's Eve or funerals.

補足 Kyoto is home to many shrines and temples. As of 2013 (two thousand thirteen), 16 (sixteen) religious buildings have the UNESCO World Heritage designation.

覚えて
おきたい
語句・表現

coexist　共存する
religion　宗教　＊religious「宗教の」を意味する形容詞
Buddhist　仏教の、仏教徒
worship　拝む
commemorate　しのぶ、記念する
A is home to B　A は B の存在するところだ

114

\\\\ **日本語で確認** //

ふたつの異なる宗教が
あるんです。

さわり 日本には、主に２種類の宗教建造物があります。神社と仏教の寺です。６世紀からこのふたつの宗教が共存してきました。

詳しく 神社ではその神社の神様を拝みます。寺では仏様を拝みます。初詣やお宮参りなど、始まりを祝うために神社へ行きます。大晦日や葬式など、終わりをしのぶために寺へ行きます。

補足 京都には多くの神社仏閣があります。2013年の時点で、京都では16の宗教建造物がユネスコ世界遺産に指定されています。

第４章 関西を案内しよう

✚ **キーワード & ワンポイントアドバイス**

キーワードは coexist（共存する）。
日本の神道と仏教を説明するときに便利です。特にキリスト教圏やイスラム教圏の人は、異なる宗教が共存してきたことを不思議に思いがちです。Then, are you Shintoist and Buddhist?（では、あなたは神道徒であり仏教徒なのですか？）は難しい質問ですが、筆者は yes と答えています。あなたならどう答えますか？
166ページの「神社参り」と168ページの「お寺参り」も参照。

芸者

They are performers of the traditional arts.

さわり The *geisha* are traditional female entertainers. They perform classical arts like dance and music in shows and in banquets. You might see *geisha* in the Gion district of Kyoto.

詳しく The *geisha* start out as a trainee. In Kyoto, the trainees are called *maiko*. You can tell a *maiko* from a full *geisha* by the length of the sash she wears on her *kimono*. The *maiko* wears a long, hanging sash and a full *geisha* wears a short one. After some years of training, a *maiko* becomes a *geisha*.

補足 Most authentic *geisha* are in Kyoto or Tokyo. These *geisha* start training full-time while in their teens.

覚えて
おきたい
語句・表現

banquet 宴会
A start(s) out as B A は B としてスタートする
trainee 見習い
sash 帯
authentic 本格的な
train full-time フルタイムで訓練を受ける

Geisha

伝統芸のパフォーマーです。

さわり　芸者は伝統的な女性エンターテイナーです。舞台や宴会でおどりや音楽といった古典芸能を披露します。京都の祇園で芸者を見かけることができるかもしれません。

詳しく　芸者は見習いとして訓練を開始します。京都では見習いは「舞妓」と呼ばれています。舞妓と一人前の芸者の違いは着物の上に巻いている帯の長さを見ればわかります。舞妓はだらりの帯を、芸者は短い帯を巻いているからです。いく年かの訓練を経て舞妓は芸者になります。

補足　本格的な芸者はほとんど、京都か東京にいます。彼女らは、10代からフルタイムで訓練を始めます。

第4章　関西を案内しよう

✚ キーワード & ワンポイントアドバイス

キーワードは entertainer（エンターテイナー）と performer of the traditional arts（伝統芸のパフォーマー）。

外国では芸者の仕事についてさまざまな憶測が飛び交ってきましたが、現在の芸者の仕事を一番よく、簡潔に表す英語の言葉はこれらです。

芸者は、京都では「芸妓」と呼ばれますが、外国人を混乱させないよう、本文では外国で通用している *geisha* を一貫して用いました。ただし舞妓は *maiko* としました。

茶道

It's a ritual with a long history.

さわり The Japanese tea ceremony is a ritual of preparing and enjoying tea. In a tea ceremony, the guests go into a tea room and enjoy the tea prepared by their host.

詳しく This may sound simple, but there are many details in the serving and drinking of the tea! It takes many years of learning to become a master in the art of tea ceremony. The architecture of the tea room and the display of traditional flower arrangement are also important to the ceremony.

補足 The basis of the tea ceremony of today was established in the 16th (sixteenth) century. Today, there are different schools that have different styles.

覚えて
おきたい
語句・表現

ritual　儀式、作法
host　（茶の湯の）亭主
detail　詳細
traditional flower arrangement　華道、生け花
establish　確立する
school　流派

The Tea Ceremony

長い歴史をもつ作法です。

さわり 日本の茶道は、お茶を淹れていただくための作法です。茶道では客人が茶室へ行き、亭主に出されたお茶をいただきます。

詳しく これはシンプルなようですが、お茶の出し方と飲み方には細かい作法が多くあるんです！茶道芸術を修得するには何年もの修業が必要です。茶室の建築や伝統的な生け花も茶道にとって重要です。

補足 現在の茶道の基礎は16世紀に確立されました。現在、異なる流派がありさまざまな様式をもっています。

第4章 関西を案内しよう

➕ キーワード ＆ ワンポイントアドバイス

キーワードは art（芸術）。この言葉を使うことで、日本にはお茶一杯を飲むために体系化された芸術があることを伝えましょう。

ちなみに、茶道は茶室という空間に人間が実際に入り、見て、聞いて味わう芸術です。外国人がさらに興味をそそられるように、上級の表現ですが、participative installation art（参加型インスタレーションアート）と呼ぶこともできるかもしれません。

華道

It's a traditional way of arranging cut flowers.

さわり Japan has its own art of cut-flower arrangement. It is called *kado*, meaning "the way of flowers." Currently, there are many *kado* schools that have different styles.

詳しく At first, *kado* was a Buddhist custom. It became an art form in the 16th (sixteenth) century. Since then, many different schools have been formed. Each school has developed a style of its own.

補足 The traditional schools arrange the flowers to represent the elements of sky, human, and earth. These days, however, some schools like to try new forms.

覚えて
おきたい
語句・表現

arrange　（花を）生ける
arrangement　配置
kado schools that have A　A をもつ華道の諸流派
custom　習慣、しきたり
style of its own　独自の様式
elements　要素

Japanese Flower Arrangement

切り花を生ける
伝統的な技法です。

さわり　日本には切り花をアレンジする独自のアートがあります。それは、「華（花）の道」つまり「華道」と呼ばれます。現在、さまざまな様式をもつ華道の流派があります。

詳しく　華道は元来、仏教の習慣でした。芸術としての成立は16世紀までさかのぼります。それ以来、多くの流派が形成されました。それぞれの流派が独自の様式を発展させました。

補足　昔ながらの流派は「天」「人」「地」という3要素を表現するように花を生けます。しかし、最近では、新しい形に挑戦する流派もあります。

第4章　関西を案内しよう

✚ キーワード ＆ ワンポイントアドバイス

キーワードは arrange と design （生ける）。
本文のように、Each school has developed a style of its own. （各流派が独自に生け方を発展させてきたんです）と伝えてみましょう。
　しかし今なお、日本の生け花と西洋の flower arrangement （フラワーアレンジメント）または floral design （フローラルデザイン）は、お互いに影響され、違いが狭まってきているようです。

和服

It's the traditional ethnic dress.

さわり Most Japanese people wear western clothes in everyday life, but on special occasions we also wear a traditional ethnic dress called *kimono*. There are different types of *kimono* for men and women of different ages.

詳しく You will see people in formal *kimono* at weddings, funerals or at traditional gatherings. These *kimono* are multi-layered, and can take more than one hour to put on.

補足 A single-layered *kimono* called *yukata* is easy to put on. Many *yukata* are affordable, but some formal *kimono* or sashes made by famous makers can cost more than one million yen!

覚えて おきたい 語句・表現

ethnic dress　民族衣装、着物
men and women of different ages
　さまざまな年齢の男女
gathering　集会
multi-layered　いく重もの　＊single-layered　一重の
put on　（服を）着る

122

Kimono

伝統的な民族衣装です。

さわり ほとんどの日本人は日常生活では洋服を着ていますが、特別な機会には着物と呼ばれる伝統的な民族衣装も着ます。男性、女性、年齢によってさまざまな種類の着物があります。

詳しく 結婚式、葬式や伝統的な集まりではフォーマルな着物姿の人を見かけるでしょう。こういった着物は重ね着するもので、着るのに1時間以上かかることもあります。

補足 浴衣と呼ばれる一重の着物は簡単に着ることができます。浴衣は手ごろな価格で入手できますが、有名なメーカーで作られたフォーマルな着物や帯は100万円以上することもあります！

＋ キーワード ＆ ワンポイントアドバイス

キーワードは ethnic dress（民族衣装）。
ほとんどの場合 kimono で通じますが、知らない人にはこう説明しましょう。贈り物として喜ばれるものですので、本文のように *Yukata are affordable.*（浴衣は手ごろな価格なんですよ）と教えてあげるといいでしょう。

第4章 関西を案内しよう

123

能と狂言

The oldest theatrical art in Japan.

さわり *Noh* is Japan's oldest theatrical art. It started in the 14th (fourteenth) century. It has drama, dance and music. *Kyogen* is a comedy performance. It is performed between *noh* shows for the audience to relax.

詳しく *Noh* and *kyogen* actors chant and dance based on classical scripts. In many shows, there are background chanters and drummers.

補足 Many *noh* scripts are classical masterpiece literature. *Noh* and *kyogen* shows are usually performed on special *noh* stages. Many of these stages are in Tokyo or Kyoto.

覚えて
おきたい
語句・表現

theatrical art　舞台芸術
audience　観客
chant　うたう
＊旋律がお経ように単調なものでは chant を用いる。
script　台本　＊ここでは、能の謡曲を指す。
chanters and drummers　謡いと鼓を打つ人々
classical masterpiece　古典の傑作

Noh and Kyogen

日本最古の舞台芸術です。

さわり 能は日本最古の舞台芸術です。その起源は14世紀までさかのぼります。演劇、舞、音楽から成っています。狂言は喜劇です。能の演目の間に観客がリラックスするためのものです。

詳しく 能と狂言の役者は、古典である謡曲に基づいてうたいそして舞います。多くの演目で、背後でうたい、鼓を打つ人々がいます。

補足 謡曲の多くが、古典文学の傑作です。能と狂言は通常、能のために作られた能舞台で演じられます。能舞台の多くは東京か京都にあります。

第4章 関西を案内しよう

➕ **キーワード & ワンポイントアドバイス**

キーワードは Japan's oldest theatrical art（日本最古の舞台芸術）。
　現存する舞台芸術の中で、これだけ古いものは世界でも珍しいことを本文のようにアピールしてみましょう。
　何をもって能楽の始まりとするかは意見の分かれるところですが、本文では世阿弥が能楽を芸術として大成させた14世紀をスタート時点としました。

文楽

It's a classical puppet theater.

さわり *Bunraku* is a traditional puppet theater. The puppets are delicately controlled by puppeteers. On the side, there are chanters and *shamisen* players. The *shamisen* is a musical instrument that looks like a banjo.

詳しく *Bunraku*, like *noh* and *kabuki*, is one of the Japanese theatrical arts with World Heritage designation. *Bunraku* became popular around the 17th (seventeenth) century in Osaka and Tokyo.

補足 One of the most famous *bunraku* scripts is the classical title, *The Love Suicides at Sonezaki*. Perhaps you can call it the Japanese version of *Romeo and Juliet*.

覚えて
おきたい
語句・表現

puppet　操り人形
puppeteer　人形遣い
chanter　太夫
A that looks like B　B に似ている A
banjo　バンジョー　＊三味線と形態が似ている。
love suicide　（恋愛による）心中

\\\ **日本語で確認** //

古典的な人形劇です。

さわり 文楽は伝統的な人形劇です。人形は人形遣いにデリケートに操られます。そばには太夫と三味線の奏者がいます。三味線はバンジョーに似た弦楽器です。

詳しく 文楽は、能楽、歌舞伎とともに、世界遺産に指定された日本の舞台芸術のひとつです。17世紀に大阪と江戸（東京）で人気を博しました。

補足 『曽根崎心中』は、最も有名な古典文楽作品のひとつです。日本版の『ロミオとジュリエット』と言えるかもしれません。

第4章 関西を案内しよう

➕ **キーワード ＆ ワンポイントアドバイス**

キーワードは puppet theater（操り人形劇）。
　芸術として大成された操り人形劇は世界でも珍しいもの。その貴重さを本文のように説明してみましょう。
「能と狂言」のページ（124ページ）で使用した英語との類似に注目。詳しく説明するには多くの言葉が必要ですが、簡潔な翻訳では、「謡曲」「浄瑠璃」はともに script、「地謡」「太夫」はともに chanters になります。

漫才

It's a comedy performed by a duo.

さわり *Manzai* is a stand-up comedy performed by a duo. The duo exchanges comical dialogues. This form of comedy was developed in the Kansai region in the early 20th (twentieth) century.

詳しく In a typical *manzai* performance, one person plays the role of *boke*, or thickhead, and the other plays the *tsukkomi*, or straight guy. The people from Kansai like to talk in this comical style even in normal conversation.

補足 The Yoshimoto Comedy Company based in Osaka is the most famous comedy company in Japan. They produce Japan's top comedians along with comic theaters, TV programs, and movies.

覚えて
おきたい
語句・表現

exchange comical dialogues
おもしろいトークのやりとりをする
thickhead ボケ
＊「鈍い人」という意味から、ボケとツッコミの「ボケ」。
straight guy ツッコミ
＊straight は「まともな人」の意で、転じて「指摘できる人」でツッコミとなる

Manzai

ふたり一組のコメディアンが演じます。

さわり 　漫才は、ふたり一組のコメディアンが演じるスタンドアップコメディーです。ふたりはコミカルなトークをやりとりします。この形式のコメディーは20世紀前半、関西で発展しました。

詳しく 　よくある形態の漫才では、ひとりがボケ役を、もうひとりがツッコミ役をします。関西の人は、普通の会話であっても、このコミカルなスタイルで話すのが好きです。

補足 　大阪を本拠地とする吉本興業は日本で一番有名な喜劇団です。日本のトップコメディアンを育て、喜劇、テレビ番組、映画をプロデュースしています。

➕ **キーワード & ワンポイントアドバイス**

　キーワードは stand-up comedy（スタンドアップコメディー＝舞台にコメディアンが立ってトークで笑わせる形式のもの）。
　ちなみに、ユーモアは文化習慣に深く根付いており、外国人にとって理解が最も難しいもののひとつです。日本への外国人観光客はもとより、日本語のかなり堪能な外国人とでさえも、新喜劇などを見に行くことはあまりおすすめしません。

第4章　関西を案内しよう

129

タカラヅカ

It's a women-only musical.

さわり Takarazuka's unique characteristic is that all the artists are young single women. So, male roles are also performed by women. The shows feature singing, acting, and dancing. The music is usually in a style similar to Broadway musicals.

詳しく The Takarazuka Revue was established in the early 20th (twentieth) century. Their shows include fantasies, comedies, and classical Japanese and Western stories. The very popular show, *Rose of Versailles*, is a story created based on the former Royal Family of France.

補足 Takarazuka is most popular among young women. Artists who play the male roles are especially popular.

覚えて
おきたい
語句・表現

characteristic　特徴
role　役、役割
feature　目玉とする、特徴とする
former Royal Family　旧王室
artists who play A　Aを演じるアーティスト

Takarazuka Revue

女性だけのミュージカルです。

さわり　タカラヅカの独特な面は、アーティストがすべて未婚の若い女性であることです。男性役も女性が演じます。ショーは、歌唱、演技、ダンスが目玉です。音楽は通常、ブロードウェイのミュージカルの様式に似ています。

詳しく　宝塚歌劇団の創立は20世紀の初めです。ショーには、ファンタジー、コメディーから、日本と西洋の古典物語などがあります。大変な人気を博している『ベルサイユのバラ』は、フランスの旧王室を題材に作られたストーリーです。

補足　タカラヅカは、若い女性にとても人気があります。男性役を演じるアーティストは特に人気があります。

✚ キーワード & ワンポイントアドバイス

キーワードは young single women（未婚の若い女性）。
タカラヅカの一番の独自性はここにあるからです。
このような歌劇が日本にあることは話のネタとしておもしろいものですが、タカラヅカの音楽性は西洋のオペレッタやミュージカルと大きく違うものではありませんから、実際に外国人を連れていくのは、能楽、歌舞伎、文楽のほうがいいかもしれません。

第4章　関西を案内しよう

131

回転寿司

英語で言ってみよう

It's a self-service, fast-food *sushi*.

さわり
At a revolving *sushi* restaurant, you can pick ready-to-eat, a-la-carte *sushi* from a selection carried on an automatic conveyor. You can first see the choices of *sushi*, and then take the ones you like. You can call it a "self-service, fast-food *sushi* restaurant."

詳しく
When you eat at a revolving *sushi* restaurant, please keep all the plates in front of you. They are counted at the end by the staff and you pay for the number of plates you have.

補足
The idea of revolving *sushi* was born in Osaka around 1960 (ninteen sixty), and you can see this type of restaurant throughout Japan today. Nowadays, you can even see them outside of Japan!

覚えておきたい 語句・表現

revolving　回転する
ready-to-eat　そのまま食べることができる
a-la-carte　単品の
selection　選択肢、チョイス
throughout Japan　日本全国で

Revolving Sushi

日本語で確認

セルフサービスの
ファストフード寿司です。

さわり 　回転寿司店では、そのまま食べることができる一品寿司が自動コンベアで運ばれ、その中から好きなものを選ぶことができます。「セルフサービスのファストフード寿司店」と呼ぶことができるでしょう。

詳しく 　回転寿司店では、食べた分のお皿をすべて自分の前に置いておいてください。終わりに店員が皿の数を数えますので、食べた皿の数の分を支払うことになります。

補足 　回転寿司の発想は1960年ごろに大阪で生まれたものですが、今では日本全国にこのタイプの寿司店があります。最近は海外でさえも見られます！

＋ キーワード ＆ ワンポイントアドバイス

　キーワードは self-service（セルフサービス）と fast food（ファーストフード）。
　回転寿司店は値段がわかりやすく、目でみてお寿司を選ぶことができますので、外国人といっしょに行きやすい場所です。そのせいか、最近海外の都市でもよく見かけるようになりました。
　96ページの「寿司と刺身」も参照。

第4章　関西を案内しよう

133

\\\\ 英語で言ってみよう //

A favorite dish in Osaka

さわり *Okonomiyaki* is the Japanese pancake, and *takoyaki* are octopus balls. They are served in restaurants at reasonable prices or cooked at home. Both are served with a Worcestershire-like sauce.

詳しく The batter for *okonomiyaki* is made from flour, eggs, and stock. We mix minced cabbage and seafood or meat into the batter and fry the mixture on a hotplate.

補足 *Takoyaki's* main ingredient is octopus. Other ingredients are similar to those of *okonomiyaki*, but, unlike the *okonomiyaki*, they are bite-size balls. We often buy a set of several balls from a stand on the streets.

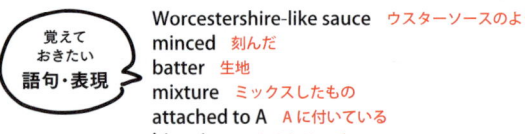

覚えて
おきたい
語句・表現

Worcestershire-like sauce　ウスターソースのような
minced　刻んだ
batter　生地
mixture　ミックスしたもの
attached to A　A に付いている
bite-size　ひとくちサイズの

Japanese Pancake and Octopus Balls

大阪人の大好きな料理です。

さわり　お好み焼きは日本のパンケーキ、たこ焼きはオクトパス・ボールです。リーズナブルな価格で外で食べたり、家で作ったりします。ウスターのようなソースを塗って出されます。

詳しく　お好み焼きの生地は、小麦粉、卵、だしでできています。その中に、刻んだキャベツとシーフードや肉を入れてミックスしたものを鉄板で焼きます。

補足　たこ焼きの主な材料はタコです。ほかの材料はお好み焼きに似ていますが、お好み焼きと違い、たこ焼きは丸くてひとくちサイズです。私たちはよく路上の出店で数個を一度に買います。

✚ キーワード & ワンポイントアドバイス

キーワードは pancake（パンケーキ）と ball（ボール）。
外国人がイメージしやすく、「それならぜひ食べたい」と思わせるような言葉として、これらを使います。
お好み焼き・たこ焼きソースは、英語圏の人にも比較的喜ばれる食べ物です。外国人の友だちとお好み焼き店に行ったら日本人が焼いてあげると親切でしょう。
ちなみに、「かつお節」は fish flakes、「青のり」は dried seaweed seasoning です。

135

関西弁と英語

　関西出身の翻訳者である筆者には、英語をいかに日本語にしようかと考えるときに、関西弁にならバッチリの訳語があるのに、標準語ではどうもしっくりくる言葉がない…という、もどかしいときがあります。

　たとえば、impatient という単語を人物の形容に使う場合、「いらち」がぴったりです。標準語の「せっかちな」はどうもしっくりきません。また、stuck-up という言葉には「いちびり」がぴったりです。stuck-up のもつ「何様のつもりやねん？」というニュアンスはまさに「いちびり」であり、辞書訳の「すまし屋」とは違います。

　逆に、家族や友人の関西弁を英語圏の人に訳して聞かせるとき、うまく英語にできなくて困ることもあります。「ボケ」「ツッコミ」を、本文（128 ページの「漫才」）では thickhead、straight guy としました。これ以上の訳はないように思われます。が、それで果たしてボケとツッコミのおもしろさが本当に表せているのかどうか。

　もちろんこれは、あらゆる言語と方言の間に起こることであって、それでも半強制的に何らかの訳語を使うのが、ある文化を別の言葉で表現する作業というもの。訳さないことには互いを理解できないまま平行線が続いていくだけなので、どこかに落ち着くしかありません。

　これも、国際交流の一訓練なのかもしれません。

第5章 日本の年中行事について話そう

あなたはオーストラリアに滞在中。現地はイースター（復活祭）の真っただ中ですが、友達のエミリーが、「日本にイースターのようなものはあるの？」と聞きます。あなたは、正月、節分、花見、七夕、お盆……そして「日本版クリスマス」まで、日本の多彩な季節の行事や学校のイベントについて話すことにします。

この章では、日本の年中行事を、相手を楽しませるように話す能力のアップをめざします。

正月

\\ 英語で言ってみよう //

We celebrate the New Year with our family.

さわり The New Year holidays is a very special time of the year for the Japanese. Like the Christmas holidays of the West, schools and many businesses close, and family members get together.

詳しく We enjoy special New Year's food on these holidays. The most popular New Year's food is *osechi*, which is a combination of foods beautifully arranged in lacquer boxes.

補足 There are also traditional games for the New Year holidays. *Hanetsuki* is a game like badminton played with beautifully decorated paddles. Children also like to fly kites. We also play Japanese card games called *karuta* or *hanafuda*.

覚えて
おきたい
語句・表現

arrange　盛り付ける、アレンジする
lacquer box　漆の箱　＊ここでは重箱のこと
rice cake　餅類
beautifully decorated　美しく装飾された
paddle　（ピンポンなどの）ラケット

The New Year Holidays

家族で
新年の始まりを祝います。

さわり　正月休みは、日本人にとって1年のうちでとても特別なときです。西洋のクリスマス休暇のように、学校は休みで、会社やお店の多くも休業し、家族が集まります。

詳しく　この休みには、特別な正月料理を楽しみます。最も一般的な正月料理はおせちで、さまざまな食品が組み合わさり、漆塗りの箱に美しく盛り付けられています。

補足　正月休みにはまた、伝統的な遊びもあります。羽根突きはバドミントンのようなゲームで、きれいに装飾されたラケット、羽子板を使います。子どもは凧揚げも好きです。カルタや花札といった日本のカードゲームでも遊びます。

第5章 日本の年中行事について話そう

✚ キーワード ＆ ワンポイントアドバイス

　キーワードは like the Christmas holidays of the West （西洋のクリスマス休暇のような）。
　宗教は違いますが、仕事や学校が休みになり家族が集まる冬の休みであること、特別な料理やお酒で祝うこと、子どもたちはゲームをして楽しむことなどは同じです。

節分

This is the last day of winter in the traditional calendar.

さわり February 3rd (third) is *setsubun*, which is also called Bean Throwing Day. This is the last day of winter in the traditional calendar. On this day, we throw roasted soy beans out of our front doors to drive out demons, and throw them into our houses to invite good luck.

詳しく We also pick up the thrown beans and eat the same number as our own age. Some people go to shrines or temples holding *setsubun* events.

補足 In the Kansai region, eating a large *sushi* roll is a popular custom for this day. We face a lucky direction and, wishing for good health, bite into the whole roll.

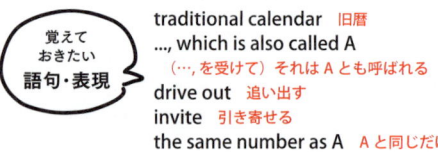

覚えて
おきたい
語句・表現

traditional calendar　旧暦
..., which is also called A
　（…, を受けて）それは A とも呼ばれる
drive out　追い出す
invite　引き寄せる
the same number as A　A と同じだけの数

Setsubun

旧暦の冬の
最後の日なんです。

さわり 2月3日は節分であり、豆まきの日とも言われます。旧暦で冬の最後の日にあたります。この日、私たちは炒った大豆を家のドアの外へまいて鬼を追い払い、家の中へまいて幸運を引き寄せます。

詳しく まいた豆は拾い、自分の年と同じ数だけ食べます。また、節分の行事を行なう神社や寺へ行く人もいます。

補足 関西では、太巻きを食べることが節分によく行なわれる習慣です。吉の方向に向き、健康を祈って丸かじりします。

第5章 日本の年中行事について話そう

＋ キーワード ＆ ワンポイントアドバイス

キーワードは traditional calendar（旧暦）。旧暦に基づく行事も日本に残っていることをこのように伝えることができます。

日本の暦については、The Japanese stopped using the traditional calendar and switched to the Western calendar in the 19th century.（日本では19世紀に旧暦の使用を止め、西暦に切り替えました）と説明しましょう。

\\\\ 英語で言ってみよう //

It's an important event for women in love.

さわり February 14th (fourteenth) is Valentine's Day. It is an important day for women in love. On this day, a woman gives chocolates to the man she loves. If the man gives her white chocolates in return, this means he loves her too! This might be on White Day, which is March 14th.

詳しく It is also a special day for couples. They go out and enjoy a romantic time.

補足 Women working in companies, however, may not enjoy Valentine's Day so much. This is because they have to give *girichoko*, or "obligatory chocolate," to male coworkers they don't love.

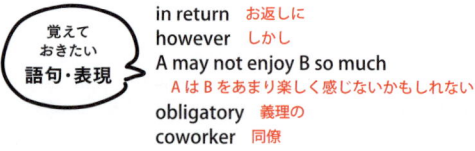

覚えて おきたい 語句・表現

in return　お返しに
however　しかし
A may not enjoy B so much
　AはBをあまり楽しく感じないかもしれない
obligatory　義理の
coworker　同僚

Valentine and White Days

恋する女性に
重要なイベントです。

さわり　2月14日はバレンタインデーです。恋する女性にとって重要な日です。この日、女性は好きな男性にチョコを渡します。その男性が彼女にホワイトチョコをお返ししたなら、彼も彼女が好きだということなのです！　これは、3月14日のホワイトデーにもらえるかもしれません。

詳しく　カップルにとっても特別な日です。いっしょに出かけてロマンチックなときを楽しみます。

補足　しかし、会社で働いている女性は、それほどバレンタインデーを楽しんでいないかもしれません。それは、恋していない男性社員に義理チョコをあげなければならないからです。

✛ キーワード & ワンポイントアドバイス

キーワードは A woman gives chocolates to a man.（女性が男性にチョコレートをあげるんです）。

北米でもバレンタインデーは愛の日ですが、カップルが互いにカードを添えてプレゼントを贈り合うか、男性が女性にプレゼントをするものです。また、家族や友人間でカードやプレゼントを交わすこともあります。

バレンタインカードによく用いられる表現は、Happy Valentine's Day。

第5章　日本の年中行事について話そう

143

ひな祭り

We wish for health and happiness for girls.

さわり The Doll Festival on March 3rd (third) is a special day for girls. A family with young daughters celebrates this day and wishes for their health and growth by setting up a display of special dolls.

詳しく The dolls are placed on a stepped shelf. They are dressed in beautiful *kimono* of the style worn about 1,000 (one thousand) years ago in the Kyoto court. The Empress and Emperor sit on the top shelf.

補足 Doll sets are often passed on from generation to generation. On the day of the Doll Festival, we also celebrate peach blossoms and eat special rice cakes and drink sweet rice wine.

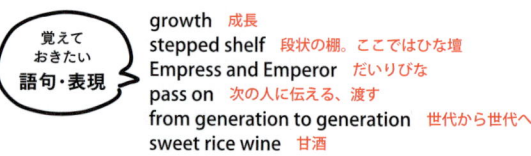

覚えて
おきたい
語句・表現

growth　成長
stepped shelf　段状の棚。ここではひな壇
Empress and Emperor　だいりびな
pass on　次の人に伝える、渡す
from generation to generation　世代から世代へ
sweet rice wine　甘酒

Doll Festival

女の子の健康と
幸福を願います。

さわり　3月3日のひな祭りは女の子にとって特別な日です。女の子のいる家庭はひな人形を飾ってこの日を祝い、娘の健康と成長を願います。

詳しく　人形は段の上に置かれます。1000年ほど前の京都の宮廷で着られたような美しい着物を着ています。一番上の壇におひな様とおだいり様が座っています。

補足　人形はしばしば、世代から世代へと受け継がれます。私たちはまた、ひな祭りの日に桃の花も祝い、ひし餅を食べ、甘酒を飲みます。

➕ キーワード ＆ ワンポイントアドバイス

キーワードは special day for girls（女の子の特別な日）。

英語圏には女の子のためだけの特別な日というものはないので、このように話すことで興味を引きましょう。本文で述べた 1000 years ago in the Kyoto court とは、つまり平安京の宮廷です。

一般に「平安」は Kyoto、「江戸」は Tokyo と言い換えたほうがわかりやすいでしょう。148ページの「こどもの日」も参照。

花見

It's a fun spring event.

さわり Cherry blossom viewing is one of the important annual events in Japan. From March to April, cherry trees bloom across Japan. We put mats underneath the cherry blossoms in parks to hold outdoor drinking parties. It is a fun spring event.

詳しく Cherry flowers first start blooming in the southern part of Japan. During the cherry viewing season, the TV news and daily newspapers track "the cherry blossom front" to let people know the best places for enjoying the cherry blossoms.

補足 At the height of the season, good party spots become very popular. People line up early in the morning to get a good spot.

> 覚えて
> おきたい
> **語句・表現**

viewing　見物
annual event　年中行事
front　前線
let people know A　A を人々に知らせる
at the height of the season　シーズンのピーク時
line up　列をなして並ぶ

Viewing the Cherry Blossoms

楽しい春のイベントです。

さわり　花見は日本で重要な年中行事のひとつです。3月から4月にかけて、日本全国で桜の木が花を咲かせます。私たちは公園で、花開いた桜の下にござを敷き、屋外での飲み会を開きます。春の楽しいイベントです。

詳しく　桜の花は、日本の南部から咲き始めます。花見のシーズン、テレビのニュースや日刊新聞は「桜前線」を追跡し、花見を一番楽しめる場所を人々に知らせます。

補足　シーズンのピークには、宴会によいスポットはとても人気が出ます。絶好のスポット獲得のために早朝から人が並びます。

✚ キーワード & ワンポイントアドバイス

キーワードは outdoor drinking parties（屋外の飲み会）。
桜がきれいに咲いていることが、みんなで集まって宴会する理由になることは西洋人にとっては珍しいもの。
また、英語圏文化は日本ほど公での飲酒に対して寛容ではなく、地域によっては屋外飲酒が禁止されているところもあるほどですので、花見の光景は珍しいようです。日本の春にはこんな楽しみ方があるんです、と自慢（？）してみましょう。

147

こどもの日

We wish for our boys to grow strong.

さわり May 5th (fifth) is Children's Day. It is a national holiday. We wish for the health and happiness of children. This day is also a day for boys, while March 3rd (third) is a day for girls.

詳しく Families with young boys celebrate this holiday with special customs. They display *samurai* dolls inside the home, and fly carp-shaped streamers outside in the hope that their sons will grow up strong.

補足 In some traditional families, boys bathe in an iris bath. There are also special sweets eaten on this day, such as rice cakes wrapped in oak leaves.

覚えて
おきたい
語句・表現

[sv]1, while [sv]2　　[sv] 2 である一方、[sv] 1 である
＊[sv] の部分には主語と動詞をもつ節が入る。
carp-shaped streamers　　こいのぼり
in the hope that [sv]　　[sv] することを願って
iris bath　　しょうぶ湯
rice cakes wrapped in oak leaves　　かしわ餅

Children's Day

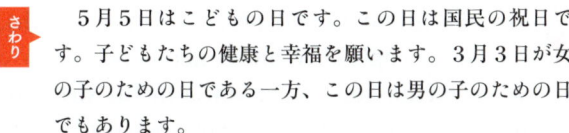

男の子が元気に
成長することを願います。

さわり　5月5日はこどもの日です。この日は国民の祝日です。子どもたちの健康と幸福を願います。3月3日が女の子のための日である一方、この日は男の子のための日でもあります。

詳しく　男の子のいる家庭では、この日のためのならわしで祝います。家の中には武者人形を飾り、息子が強く成長することを願います。外にはこいのぼりを飾ります。

補足　伝統を大切にする家庭では、男の子がしょうぶ湯に入ることがあります。また、かしわの葉で包まれた餅（かしわ餅）のように、この日のための菓子もあります。

✚ **キーワード & ワンポイントアドバイス**

キーワードは a day for boys（男の子のための日）。

私はこの季節に、外国人の友だちと日本を歩いていてこんな会話になったことがありました。「あれは？」「こいのぼり。男の子のいるお家が上げるんだよ」、「なんで？」「成長を願うんじゃない？」、「なんでこいなの？」「……（汗）。かわいいからじゃない？」。これは間違いでした。調べたところ、こいの急流に向かって泳ぐ様が強いから、ということでした。

七夕

It's based on a legend of lovers.

さわり For the Star Festival on July 7th (seventh), Japanese people decorate bamboo branches. We write wishes or poems on colorful strips of paper and hang them on the bamboo decoration.

詳しく The origin of the Star Festival is a Chinese legend. Two stars separated by the Milky Way are compared to lovers separated by a river. They can only meet once a year when the Galaxy prepares a way for them.

補足 In the legend, the couple loved each other so much that they stopped working. The angry Emperor separated them, but allowed them to meet once a year.

覚えて
おきたい
語句・表現

strip of paper　短冊
the Milky Way　天の川、銀河　＊ the Galaxy も同意
so much that [sv]　あまりにそうなので [sv]
＊[sv] の部分には主語と動詞をもつ節が入る
A allow(s) B to [v]　A は B に [v] を許す
＊[v] の部分には動詞の原形が入る

Star Festival

恋人たちの伝説に基づいています。

さわり　7月7日の七夕では、日本の人は笹に飾り付けをします。色とりどりの短冊に願いごとや歌を書いて笹の葉に吊るします。

詳しく　七夕の由来は中国の伝説です。天の川をはさんだ離れ離れの星を恋人に見立てています。そのふたりは、銀河が道を渡すとき、1年に1度だけ出会えます。

補足　伝説では、ふたりはあまりにお互いを愛して仕事をしなくなりました。怒った天帝に引き裂かれ、1年に1度だけ会うことを許されました。

✚ キーワード ＆ ワンポイントアドバイス

キーワードは legend（伝説）。
The festival is based on a Chinese legend.（この祭りは中国の伝説に基づいているんです）、と話しましょう。
Vega（織姫のベガ星）、Altair（彦星のアルタイル星）は、英語圏であまり知られる星名ではありませんので、「織姫」は a star in the Constellation Lyra（こと座の星）、「彦星」は a star in the Constellation Aquila（わし座の星）と話します。

第5章 日本の年中行事について話そう

151

お盆

It is said that the souls of our ancestors return.

さわり The Ancestor Remembrance Festival is one of the most important annual events for the Japanese family. It's a Buddhist event, and is held over a few days in August.

詳しく It is said that the souls of the ancestors return to this world during this period. Lanterns are lit in temples and at homes to "guide their way." At the end of the period, small paper lanterns are placed on a river to help the souls return to the afterworld.

補足 This period also often means summer holidays. Many businesses are closed and many people return to their home towns. Flights and trains become very crowded.

覚えて おきたい 語句・表現

ancestor　先祖
remembrance　慰霊、追悼
＊remembrance には「慰霊」の意味があることから、お盆を
Ancestor Remembrance Festival（先祖の慰霊祭）とした。
lantern　灯ろう
afterworld　あの世

Ancestor Remembrance Festival

先祖の霊が
戻ると言われています。

さわり 「先祖の慰霊祭（お盆）」は、日本の家族にとって最も重要な年中行事のひとつです。仏教の行事であり、8月に数日にわたって行なわれます。

詳しく この期間、先祖の霊がこの世に戻ると言われています。霊を道案内するため、寺や家ではちょうちんをともします。盆の終わりには、灯ろうを川に浮かせて霊があの世へ戻る手伝いをします。

補足 この期間はまた、多くの日本人にとっての夏休みです。会社や店の多くは休業するので、里帰りする人もたくさんいます。そのため電車や飛行機は大変混み合います。

✚ キーワード ＆ ワンポイントアドバイス

キーワードは souls of our ancestors（先祖の霊）。
法要や墓参り、灯ろう流しの習慣を説明するために、It is said that the souls of the ancestors return.（先祖の霊が戻ると言われているんです）と話すと、わかりやすいでしょう。
京都の五山の送り火は large bonfires lit on five mountains in Kyoto（京都の五山の大がかりなともし火）と言うといいでしょう。
ちなみにこの bonfire の bon は、盆とは関係ありません。

第5章 日本の年中行事について話そう

153

月見

We enjoy the beautiful full moon of September.

さわり In Japan, families and friends hold parties to view the full moon in September. At home, people sit on their deck or by the window to enjoy the beauty of the moon. Special sweets called "moon-viewing dumplings" are offered to the moon.

詳しく Moon viewing was originally a farmers' event. The farmers prayed for a good harvest at the beginning of the harvest season.

補足 In September, the moon looks crisp because the air is clear. Some shrines and temples hold moon-viewing events. In some of these, people can enjoy the beauty of the moon reflection on a pond.

覚えて おきたい 語句・表現

dumpling　団子
offer　供える
pray for 〜　〜を祈願する
harvest　収穫
A is (are) thought to be B　A は B だと考えられる
crisp　明瞭な

Viewing the Moon

\\ **日本語で確認** //

9月の
美しい満月を楽しみます。

さわり ▶ 日本では、9月の満月を観賞するために友人や家族が集まります。家庭ではベランダや窓際に座り、月の美しさを愛でます。「月見団子」と呼ばれる特別な菓子を月に供えます。

詳しく ▶ 月見はもともと農民の行事でした。収穫期の最初に豊作を祈願したのです。

補足 ▶ 9月は空気が澄んでいるため月が明瞭に見えます。神社や寺では月見の行事が催されます。こういった行事の中には、池に映った月を楽しむ趣旨のものもあります。

第5章 日本の年中行事について話そう

➕ **キーワード ＆ ワンポイントアドバイス**

キーワードは hold parties to view the full moon（満月を観賞するために集まる）。

月見に「パーティー」は似合わない気がしますが、月を観賞するために何人かが集まるので英語では party となります。

花見とともに、自然の美しさを愛でるために集まって party を催す習慣であることを、本文のように伝えます。

運動会

The purpose is community and team building.

さわり Most schools and neighborhood communities hold a sports festival once or twice a year. These events are normally held near the national holiday called Sports Day in October. The purpose is community and team building.

詳しく People compete in games such as sprint, relay or hurdle races. Tug-of-war between different groups is also common.

補足 Western classical music is often used as background music for the sports festivals. For example, pieces from Tchaikovsky's *The Nutcracker* and Rossini's *William Tell*.

覚えて
おきたい
語句・表現

community and team building
コミュニティーと仲間作り
neighborhood 近所の、地元の
compete 競う
tug-of-war 綱引き
background music BGM

コミュニティーと
仲間作りが目的です。

さわり　ほとんどの学校と地元のコミュニティーで、1年に1度か2度、運動会が開催されます。こうした催しは通常10月の体育の日と呼ばれる国民の祝日のあたりに開かれます。コミュニティーとチーム作りが目的です。

詳しく　参加者は、短距離走、リレー、ハードル走などの競技で競います。異なるグループの間での綱引きもよく行なわれます。

補足　運動会の BGM として、西洋のクラシック音楽がよく用いられます。たとえば、チャイコフスキーの『くるみ割り人形』やロッシーニの『ウィリアムテル』の作品などです。

✚ キーワード ＆ ワンポイントアドバイス

キーワードは community and team building（コミュニティーと仲間作り）。

西洋にも日本の運動会にあたるものはありますが、クラシック音楽が流れ、校庭で生徒たちが走ったり踊ったりしている様子は、西洋人の目には興味深く映るようです。

筆者の住むカナダのトロントには地域コミュニティーの運動会というものはありません。会社で運動会が催されることも非常に珍しいようです。

クリスマス

It's a big event of the party season.

さわり Many Japanese celebrate Christmas. Families and friends hold parties with cakes and nice foods. Most Japanese do not go to church for the Christmas mass. Also, Christmas is not a holiday.

詳しく Parents with small children give them "gifts from Santa Claus." Couples may also give each other gifts. On Christmas Eve, popular restaurants are packed with couples!

補足 The non-Christian Japanese started celebrating Christmas from the early 20th (twentieth) century. You could say that this is a commercialized version of "Christmas."

覚えて おきたい 語句・表現

along with the New Year holidays　正月休みとあわせて
mass　ミサ
A is (are) packed (with B)　A は（B で）いっぱい
non-Christian Japanese　キリスト教徒でない日本人
commercialized version　商業版

Christmas

日本語で確認

パーティーシーズンの大イベントです。

さわり 日本人の多くはクリスマスを祝います。家族や友人同士でパーティーをしてケーキやごちそうを食べます。日本人のほとんどは教会のミサには出席しません。クリスマスは祝祭日でもありません。

詳しく 小さな子どもには、親が「サンタクロースからのプレゼント」をあげます。また、カップルの間でプレゼントを贈り合うこともあります。クリスマスイブ、人気のあるレストランは恋人たちでいっぱいになります。

補足 日本で、キリスト教信者以外もクリスマスを祝うようになったのは20世紀前半からです。これは商業化されたクリスマスだと言えます。

✚ キーワード ＆ ワンポイントアドバイス

キーワードは a big event of the party season（パーティーシーズンの大イベント）。キリスト教徒ではないけれど、パーティーで祝うということを本文のように伝えます。

クリスマスカードを送るときの英文には、We wish you a Merry Christmas and a Happy New Year. などがあります。

相手がキリスト教徒でない場合 Christmas という言葉は避けて、Season's Greetings や Happy Holidays としたほうが無難です。

第5章 日本の年中行事について話そう

英製和語

見出しだけ見ると四文字熟語か漢詩の一行のようですが、和製英語とは逆に、英語圏に輸入されてひとり歩きした言葉、つまり「変な日本語」の一種です。英語圏を旅行中に気づいた読者もいらっしゃるでしょう。

英語圏で、別の意味で浸透している日本語に、*futon* と呼ばれるソファベッド、「和風の」ぐらいの意味で用いられる *zen* などがあります。

意味や用法がズレるのは外来語の運命なので私は特に異論はありません。お気づきのように日本の和製英語のほうが数にしておびただしく、ズレ方もはなはだしいのです。

ただ、日本代表選手のひとつである *sushi* が英語圏でしばしば「食用生魚」の意味で用いられているのは問題だと思っています。調理済みのサンドイッチと中身のハムを混同して、ハムを「サンドイッチ」と呼んでいるようなものです。代表選手が誤解されるのは困ります。

しかし、*sushi* という言葉は実に自由に使われており、最近では、おにぎりのようなものが triangle sushi（三角寿司）と呼ばれているのをカナダのスーパーで見かけました。買って食べてみたところ、やはりご飯はすし飯ではなく、ベッチャとしたまずい米でした。

読者の皆さんはぜひ、96 ページの「寿司と刺身」セクションを学習して、*sushi* の誤解解きにご協力ください。

第6章 日本のしきたりを説明しよう

　あなたはアメリカ人の恋人と結婚をして子どもをもちたいと思っています。しかし日本とアメリカでは結婚や子育てにまつわるルールや慣習、そして冠婚葬祭の方式は、さまざまに異なっています。あなたは、日本のしきたりを恋人に説明して納得してもらいたいと思っています。

　この章には、こういったしきたりや制度を、相手にしっかり理解してもらえるように英語で説明するためのテーマを集めました。

結婚

Many couples get married for love.

さわり Many people marry for love today. They first become boyfriend and girlfriend. Then, if things go well for some time, they might get engaged and then get married.

詳しく In the past, people in Japan often thought marriage was between two families. Many couples still ask for their parents' permission before they get married.

補足 The average age of the first marriage is around thirty for both men and women. Workplace marriages are very common these days. There are also many married couples who met in high school, in university or through a friend.

覚えて おきたい 語句・表現

boyfriend and girlfriend　彼氏と彼女
get engaged　婚約する
maybe this is why [sv]
　（前の文を受けて）これが理由で [sv] なのかもしれない
＊ [sv] の部分には主語と動詞をもつ節が入る。
couples who met in A　A で会ったカップル

\\ **日本語で確認** //

恋愛結婚が多いのです。

さわり 　今では恋愛結婚が多くなっています。最初に彼氏と彼女となり、ある程度の期間関係が順調にいけば婚約、そして結婚します。

詳しく 　かつて日本では、結婚はふたつの家族の間でするものだとよく思われていました。おそらくこれが理由で、お見合い結婚がとても一般的でした。今でも、多くのカップルが結婚する前に両親の了解を得ます。

補足 　平均初婚年齢は、男女ともに30才前後です。職場結婚が最近非常に多くなっています。高校や大学で会った相手や友人を介して会った相手と結婚した夫婦もたくさんいます。

➕ キーワード ＆ ワンポイントアドバイス

　キーワードは many people marry for love（恋愛結婚が多いです）。英語圏でも恋愛結婚が主流ですが、世界にはそうでないところもあります。

　両親の許可を得るという点をここでわざわざ述べたのは英語圏の多くの人にとって、結婚は決めた後に両親に「報告」するものであって、「許可を得る」ものではないからです。

結婚式

The Christian-style wedding is popular.

さわり
Many Japanese couples get married in a Christian, Shinto, or non-religious style. Christian-style weddings can be held in churches and Shinto-style weddings can be held in shrines. Many hotels offer ceremonies in all three styles.

詳しく
Many couples choose to have Christian-style weddings even though they are not Christians. Christian-style weddings perhaps appear more fashionable than the traditional Shinto-style weddings.

補足
A typical wedding has a ceremony and a reception. The bride often changes dresses, so we can see her in a wedding dress, a wedding *kimono* and a cocktail dress. After the wedding, many couples go on their honeymoons.

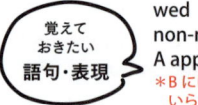
覚えて
おきたい
語句・表現

wed　結婚する
non-religious　無宗教の　＊人前結婚式のこと
A appears B　A は B のように見える
＊B には形容詞が入る。It's okay. という断定を避けるために用
　いられることもある

Weddings

キリスト教式が
人気があります。

さわり　多くの日本人のカップルは、キリスト教、神道、または無宗教などの様式で結婚式を挙げます。キリスト教式は教会で、神道式は神社で行なうことができます。ホテルでも３様式のいずれかで式を挙げることができます。

詳しく　カップルの多くは、キリスト教徒でなくてもキリスト教式を選びます。伝統的な神道式よりもキリスト教式のほうがおしゃれな感じがするのでしょう。

補足　典型的な結婚式は、式と披露宴から成ります。花嫁はたびたび途中で着替えますので出席者は西洋のウェディングドレス、着物、カクテルドレス姿を見ることができます。結婚式の後、新郎新婦の多くが新婚旅行へ行きます。

➕ キーワード & ワンポイントアドバイス

キーワードは not Christians（非キリスト教徒）。
キリスト教式の結婚式の多さから、日本にはキリスト教徒が多いと勘違いする外国人がたまにいます。とはいっても、北米でもふだんは教会に行かない人がしばしばキリスト教式の式を挙げていますので、同じようなものかもしれません。

165

神社参り

We pray for business or academic success.

さわり Throughout the year, the Japanese visit shrines for special occasions. Each shrine has its own god or gods. Some gods bring luck to business, and others are for schoolwork or love.

詳しく Students who want to pass a school entrance exam may visit a shrine with a god for schoolwork. A woman who wants a boyfriend may visit a "love shrine." Many people go to shrines for the New Year's worship.

補足 Some shrines also offer wedding ceremonies in the traditional Shinto style.

覚えて
おきたい
語句・表現

academic　学術の
some 〜 , and others 〜
　〜するものもあれば、〜するものもある
worship　お参り
just as there are A　A があるのと同様に

Visiting a Shrine

商売繁盛や学業での
成功を祈ります。

さわり　日本人は年間を通して特別な機会に神社参りをします。神社にはそれぞれの神がいます。商売繁盛の運をもたらす神もいれば、学問や恋愛のための神もいます。

詳しく　入学試験に合格したい学生は、合格祈願に学問の神を祀った神社へ行くかもしれません。彼氏が欲しい女性であれば、縁結びの神社へ行くかもしれません。また、多くの人が初詣で神社に参ります。

補足　伝統的な神道式の結婚式を執り行なう神社もあります。

➕ **キーワード ＆ ワンポイントアドバイス**

キーワードは Each shrine has its own god or gods.（それぞれの神社の神様がいるんです）。唯一の絶対神であるキリスト教の神は、固有名詞を表す大文字の God ですが、神道の神はそうではないため小文字です（会話では区別できませんが）。Some shrines have animal gods.（動物を祀った神社もあるんですよ）などとも話してみるといいでしょう。

168ページの「寺参り」も参照。

寺参り

We worship our ancestors.

さわり Many Japanese visit Buddhist temples to worship the Buddha. Many also go for special occasions like funerals and services for the ancestors. Graveyards are in the temple grounds, so we also go there to visit the family grave. But, we don't visit regularly on certain days of the week.

詳しく Japanese families are often followers of some Buddhist temple. The priests from that temple will carry out the ceremonies for all the services.

補足 People also go to temples simply for sightseeing. For example, many people visit the old temples in Kyoto and Nara just for their beauty.

覚えて おきたい 語句・表現

service 「法要」など、宗教儀式
graveyard 墓地　＊grave 墓
on certain days of the week　1週間のうちの特定の日に
follower （宗教の）信徒
priest 僧侶
carry out 執り行なう

先祖を崇拝します。

さわり　日本人の多くは、仏を拝むために寺へ参ります。葬式や先祖供養の法要といった特別な機会に参ることも多くあります。寺には墓地がありますので、家族の墓参りに寺に行くこともあります。でも、1週間の中の特定の日に定期的に訪れるわけではありません。

詳しく　日本の世帯の多くが、何らかの寺の信徒となっています。その寺のお坊さんが、すべての法要の儀式を執り行ないます。

補足　でも、観光だけが目的で寺に行く人も多いんです。たとえば、多くの人は京都や奈良の古い寺を、その美しさを堪能するだけの目的で訪問します。

➕ キーワード & ワンポイントアドバイス

キーワードは services for the ancestors（先祖供養の法要）。葬式、命日、お盆などでの寺の役割は、こう話すことでわかりやすく説明できます。

日本では「家の宗教は、臨済宗」などと言われることがあります。キリスト教圏の人などにこれをわかりやすく言うには、My family follows the Zen Sect of Buddhism.（家は、仏教の禅宗の信徒です）となるでしょう。

第6章　日本のしきたりを説明しよう

169

戸籍と住民票

英語で言ってみよう

It's the Japanese ID system.

さわり Japan has the family register and resident card systems for identification of people. The family register system registers people by family units. This register is like the birth, marriage, and divorce certificates of North America. To make a passport, a Japanese person needs a copy of their register.

詳しく The resident card is a record of where we live. This is used, for example, for voting in an election. A card is made for each person and kept at the local government office.

補足 The Basic Resident Network is made from the resident cards. It has the role of putting registered information together.

覚えておきたい 語句・表現

family register	戸籍
resident card	住民票
identification	身分証明　＊よく ID と略される
where we live	私たちが住んでいるところ
Basic Resident Network	住民基本台帳ネットワーク
A has (have) the role(s) of B	A は B の役割をもっている

\\ 日本語で確認 //

日本の身分証明システムです。

さわり　日本には、人物の身分証明をするための戸籍と住民票の制度があります。戸籍制度は、家族単位で人物を登録するものです。この登録簿は北米の出生・結婚・離婚証明書などのようなものです。日本人がパスポートを取るときには戸籍の写しが必要です。

詳しく　住民票は住んでいる場所の記録です。たとえば、選挙で投票するときなどに利用されます。住民票は個人単位で、地元の役所に保管されます。

補足　住民票からは、住民基本台帳が作成されます。これは、登録情報を統合する役割をもっています。

✚ キーワード ＆ ワンポイントアドバイス

キーワードは birth, marriage, and divorce certificates（出生・結婚・離婚証明書）。

北米には日本の戸籍にあたるものはありません。個人に出生、結婚、離婚そのほかの証明書がそれぞれ発行されます。政府に提供する情報は、日本の住民基本台帳ネットワークの機能にあたる、social security number（米国用語。カナダでは social insurance number）で統合されます。

姓名判断

Lucky names based on fortune telling.

さわり Some Japanese parents give their children lucky names based on fortune telling. A lucky name will have the right number and combination of character strokes.

詳しく The "lucky names" are often given by fortune tellers. Some of these fortune tellers work in Shinto shrines.

補足 All Japanese family names and most given names are written in *kanji*. The characters for the given name are often chosen to match the family name. A lucky name has nothing to do with sound or family history.

覚えて
おきたい
語句・表現

fortune telling　占い
fortune teller　占い師
number of (character) strokes / stroke count　画数
books that explain A　A を説明する本
A that go(es) well with B　B と相性のいい A
A has (have) nothing to do with B
　A は B と何の関係もない
given name　（姓名の）名

Giving Lucky Names to Babies

占いで
運勢のいい名前を付けます。

さわり　　日本人の親には、姓名判断に基づいて子どもに運勢のいい名前を付ける人がいます。運勢のいい名前は、文字の画数と、その組み合わせがよいとされています。

詳しく　　「運勢のいい名前」はしばしば、姓名鑑定士が提供します。こういった人の中には神社で働いている人もいます。

補足　　日本人の姓のすべてと、ほとんどの名は、漢字で書かれます。多くの場合、姓の画数に合う字が名前に選ばれます。運勢のいい名前は、音や家の歴史は関係ありません。

✚ キーワード ＆ ワンポイントアドバイス

キーワードは fortune telling（占い）。
horoscope（星占い）は西洋でも人気ですが、日本の姓名判断、palm reading（手相）、face reading（人相）、blood-type reading（血液型占い）のようなものはありません。血液型が性格判断の基準として話題にのぼることもありません。西洋人に My blood type is O.（私 O 型です）と言っても、十中八九、この人はどうしてそんな個人情報をわざわざ私に提供するんだろう、と思われます。

173

学校制度

Students must finish grade nine.

さわり Japanese children start elementary school at the age of six. Elementary school is from grade one to grade six. Grades seven to nine are junior high school, and grades 10 (ten) to 12 (twelve) are senior high school.

詳しく After high school, there are vocational schools, two-year colleges, four-year universities, and graduate schools.

補足 Students must finish grade nine. Most students go to high school, and about half of the high school graduates go to two-year colleges or universities. At all levels, there are public and private schools. Public schools receive funding from the government.

覚えて
おきたい
語句・表現

grade　学年
vocational school　専門学校
two-year college　2年制のカレッジ＝短期大学
graduate school　大学院
graduate　卒業生
funding　助成金

The Japanese School System

中学校3年生まで
義務教育です。

さわり　日本の子どもは6歳で小学校に入ります。小学校は1年生から6年生までです。中学は1年生から3年生まで、高校も1年生から3年生までです。

詳しく　高校を修了すると、専門学校、短期大学、4年制の大学、大学院があります。

補足　中学校3年生までは義務教育です。ほとんどの生徒が高校に行き、高校卒業生の約半分が短大または大学に行きます。すべての段階で、公立と私立の学校があります。公立の学校は公的助成を受けています。

第6章　日本のしきたりを説明しよう

✚ キーワード & ワンポイントアドバイス

キーワードは grade（学年）。

本文と日本語訳を比較してみると、小学校1～6年生までは学年が対応していますが、中学校1年生は grade seven、高校3年生は grade 12 となっています。これは北米では高校を卒業するまで、小学校1年生から通して学年を数えるためです。

日本のように、小・中・高をくっきり分けて考えないためでしょう。

福祉

\\\ 英語で言ってみよう ///

We are worried about the future of the welfare system.

さわり ▶ There are various welfare systems in Japan. All Japanese people must have a health insurance plan and a pension plan.

詳しく ▶ Working people in Japan pay a monthly fee to a health insurance plan. Many plans cover 70 (seventy) to 90% (ninety percent) of medical costs. Pension plans also require a monthly fee. But with the aging society, many people are worried about the future of these plans.

補足 ▶ The biggest problem for the Japanese welfare system today is the aging society. To deal with this, for example, a nursing care insurance plan for old people was made by the government in the year 2000 (two thousand).

覚えて
おきたい
語句・表現

welfare system　福祉制度
health insurance plan　健康保険
pension plan　年金
medical cost　医療費
deal with A　A に対処する
nursing care insurance plan　介護保険

福祉制度の
将来が不安です。

さわり　日本にはさまざまな福祉制度があります。全国民が健康保険と年金に加入しなければなりません。

詳しく　日本の労働者は、健康保険に対し月々一定の額を支払います。医療費の70〜90％がカバーされる場合が多くなっています。年金も月々一定額を支払います。しかし高齢化社会のため、これらの制度の将来に多くの人が不安をもっています。

補足　日本の福祉制度が今抱える最大の課題は、社会の高齢化です。これに対処するため、たとえば2000年に政府は高齢者のための介護保険を創設しました。

✚ キーワード & ワンポイントアドバイス

キーワードは insurance plan（保険）。
本文で健康保険に月々の料金があることやカバーの割合をわざわざ挙げたのは、英語圏の人が往々にして関心を示すためです。
アメリカでは大枚はたいて民間企業の健康保険に加入しなければならないのに対して、イギリス、カナダ、オーストラリアでは、医療費は基本的に政府が全額負担。それが主要英語圏における一種の対立構図を作っています。

お中元とお歳暮

\\ **英語で言ってみよう** //

It's a way of showing your appreciation to others.

さわり Businesses and people in Japan send gifts to others in July and December. These are annual customs. The gifts can be anything from towels to *sake*. These gifts are given to show appreciation for someone's support.

詳しく For example, businesses give gifts to their customers, lawyers and accountants. A student of tea ceremony might give a gift to his or her teacher. A married couple may send a gift to relatives.

補足 During the summer and winter gift-giving seasons, you will see special sections for these gifts in department stores.

覚えて
おきたい
語句・表現

appreciation　感謝の気持ち
annual custom　例年の習慣
accountant　会計士、計理士
his or her　その人の　＊性別を特定しないとき。
relative　親戚
special budget　特別予算

\\\\ **日本語で確認** \\\\

お世話になっている人へ
感謝を表します。

　7月と12月、日本では会社や人々が、贈り物を送ります。これは例年の習慣です。贈り物はタオルから日本酒まで、何であってもかまいません。これらはお世話になっている人に感謝を表すものです。

　たとえば、会社であれば、客や担当弁護士、会計士に贈り物をします。茶道の弟子は、先生に贈り物をするかもしれません。夫婦であれば、親戚に贈り物をすることがあります。

　夏のお中元と冬のお歳暮のシーズンには、デパートにこれらの贈り物のための特別のセクションが設けられるのです。

✚ キーワード ＆ ワンポイントアドバイス

　キーワードは annual custom（例年の習慣）。
　英語圏で、時期の決まったフォーマルな贈答の習慣があるとすればクリスマスですが、日本のお歳暮ほどの規模ではありません。
　ちなみに、日本語の「お世話になっております」は便利な表現ですが、英語には訳しにくいものです。取引先へのメールなどで言う「お世話になっております」は、Thank you for your support. または I appreciate your help. と訳せますが、通常文末に置かれます。

暑中見舞いと年賀状

英語で言ってみよう

They are important networking tools.

さわり The Japanese send greeting cards in the summer and at the beginning of the New Year. The summer card is to wish for health in the hot season. The New Year card is to wish for health and happiness in the New Year.

詳しく These customs are important for networking among friends and businesses. The New Year card is especially important, like Christmas cards in the West.

補足 The Japanese buy special postcards sold at post offices for the summer and New Year greetings. These cards have numbers for a lucky draw. If you receive one, please check the number on your card to see if you won something!

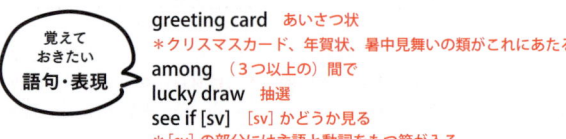

覚えておきたい 語句・表現

greeting card　あいさつ状
＊クリスマスカード、年賀状、暑中見舞いの類がこれにあたる
among　（3つ以上の）間で
lucky draw　抽選
see if [sv]　[sv] かどうか見る
＊[sv] の部分には主語と動詞をもつ節が入る

Summer and New Year Greeting Cards

日本語で確認

ネットワークの維持に重要です。

さわり　日本では暑中と年始にあいさつ状を送り合います。暑中見舞いは、暑い季節の健康を祈るものです。年賀状は新年の健康と幸福を祈るものです。

詳しく　双方とも、友人や仕事関係のネットワークを保つために重要です。特に年賀状は西洋のクリスマスカードのように大切です。

補足　暑中見舞いと年賀状のために、郵便局では特別なはがきが売り出されます。これらのはがきには抽選番号が付いています。受け取ったなら、景品がもらえそうかどうか番号をチェックしましょう！

＋ キーワード ＆ ワンポイントアドバイス

キーワードは like Christmas cards（クリスマスカードのような）。年賀状と同じく、西洋ではクリスマスカードが1年のうちで一番重要なカードです。これからもつき合いたい西洋人にはぜひ、クリスマスカードを送りたいものです。

158ページの「クリスマス」も参照。

葬式

It's held over two days.

さわり Most funerals in Japan are held in the Buddhist style. The ceremony can be at a temple, a funeral home, or at one's home. The Buddhist priest does the service.

詳しく A typical funeral takes two days. The first day is mainly for the family to spend time with the deceased. Other people visit on the second day. The body is put in a closed coffin. A picture of the deceaised is displayed. Family members and visitors offer incense to the deceased.

補足 As a custom, visitors bring money in special envelopes. In exchange, the family members give the visitors small gifts.

覚えて
おきたい
語句・表現

funeral home	葬儀場
the deceased	故人
coffin	棺おけ
offer incense	焼香する
as a custom	習慣として
in exchange (for A)	（A と）引き換えに

Funerals

2日間をかけて行なわれます。

さわり　日本では多くの場合、仏教の様式で葬式が行なわれます。式は、寺、葬儀場または自宅で行なわれます。法要は僧侶が行ないます。

詳しく　典型的な葬式は2日間行なわれます。最初の1日は主に家族が故人と時間を過ごすためのものです。2日目に、ほかの人が訪問します。遺体は閉じた棺に納められ、故人の写真が飾られます。家族と出席者は焼香をします。

補足　慣習として、出席者は現金を特別の封筒に包んで持参します。遺族は、ささやかなお返しをします。

✚ キーワード ＆ ワンポイントアドバイス

キーワードは the Buddhist style.（仏教式）。
　外国人が日本の葬式に出席する場合があるように、日本人が外国の葬式に出席することもあるでしょう。キリスト教の葬式には2日式と1日式の両方があるようです。キリスト教徒でないけれど出席する場合、静粛にしていればよく、聖書朗読や賛美歌に参加する必要はありません（結婚式でも同じことです）。
　西洋の葬式に香典の習慣はありません。

第6章 日本のしきたりを説明しよう

183

墓・仏壇・法事

There are many rituals.

さわり Many Japanese pay respect to their ancestors. There are many Buddhist customs for doing this.

詳しく After a funeral, the body is burned. The ashes are placed in the family grave. More small services are held on the 7th (seventh) day and the 49th (forty ninth) day after the person's death. Every year, most family members visit the family grave.

補足 An altar for the ancestors is kept in the house of the oldest son or daughter. Food and incense are offered every day.

覚えて おきたい 語句・表現

A pay(s) respect to B　AはBに敬意を表す
burn　燃やす　＊「火葬」の上級の単語は、cremate。
ashes　灰　＊「遺骨」の意味で用いられることもある。
grave　墓
altar　仏壇

Graves, Home Altars, and Death Anniversaries

儀式がたくさんあります。

さわり　多くの日本人が先祖を敬います。これを行なうための仏教のしきたりが日本には多くあります。

詳しく　葬式の後、遺体は火葬されます。灰は家族の墓に納められます。さらに、初七日と四十九日に小規模の法要があります。毎年、家族のほとんどが、先祖の墓に参ります。

補足　故人の長男や長女の家には、仏壇が置かれます。毎日食べ物を供え、お香をたきます。

➕ キーワード ＆ ワンポイントアドバイス

キーワードは many Buddhist customs（数々の仏教のしきたり）。

キリスト教では死者は土葬されます。命日に法要する習慣は日本ほど広まっておらず、ひんぱんにお墓参りもしません。

日本人の多くは、日ごろ何気なく仏壇に参ったり、墓参りに行きます。それを、とてもエキゾチックな習慣だと感じる西洋人も多いようです。「日本ではご先祖が神様のようなものなんだな」と思う人もいるようです。

文化親善大使になってください

　国際交流は楽しいことばかりでなく、異なるものへの理解不足から、不愉快な事態が生じることも時々あります。そんなとき、「○○人のことはわからない」とあきらめたくなるかもしれません。しかし、○○人の誰かがその文化習慣について上手に話してくれれば、あなたはその文化を見直せるかもしれない、と思いませんか。

　逆に、あなたが日本のことを上手に話せば、「日本のことはわからない」とあきらめかけていた外国人に、日本を見直す機会を与えることができるでしょう。

　相手の文化習慣を理解する努力と、自身の文化習慣を伝える努力の双方向の働きがあってはじめて、ポジティブな国際交流が長期的に成立するのだと思います。

　本書を手伝ってくれた、日英の完璧なバイリンガルであるケートリン・グリフィスさんと坂田晴彦さんは帰国子女ですが、完璧なバイリンガルなのは、それだけが理由ではないと思います。私はバイリンガルでない帰国子女もたくさん見てきました。グリフィスさんと坂田さんの日英両語のすごさの理由は、両文化のバランス感覚を維持し、意識的にか、無意識的にか、文化親善大使であり続けてきたことにあると思います。

　この本が、読者の皆さんが「草の根文化親善大使」になることに少しでも役立てるなら、心から嬉しく思います。

日本語から引く
英語表現

広瀬　直子（ひろせ　なおこ）
翻訳者・ライター。同志社女子大学（英文学科）、トロント大学修士課程（比較文学）卒業。トロントに在住。カナダで公認翻訳者資格を取得し、トロント大学の継続学習スクールで英日間の翻訳の講師をつとめた。日英両語で、語学、旅行、文化記事を多数執筆している。著書に『1分間英語で京都を案内できる本』（KADOKAWA 中経出版）、『35歳からの「英語やり直し」勉強法』（日本実業出版社）などがある。

英文アドバイザー：ケートリン・グリフィス（Caitilin Griffiths）
カナダ生まれ。8〜15歳を関西で過ごした。トロント大学博士課程修了（日本中世史）。現在、トロント大学で日本史を教える。

本書の内容に関するお問い合わせ先
中経出版BC編集部　03（3262）2124

中経の文庫

1分間英語で日本のことを話す

2013年11月28日　第1刷発行

著　者　**広瀬　直子**（ひろせ　なおこ）

発行者　**川金　正法**

発行所　**株式会社KADOKAWA**
〒102-8177　東京都千代田区富士見2-13-3
03-3238-8521（営業）
http://www.kadokawa.co.jp

編　集　**中経出版　中経の文庫編集部**
〒102-0083　東京都千代田区麹町3-2　相互麹町第一ビル
03-3262-2124（編集）
http://www.chukei.co.jp

落丁・乱丁のある場合は、送料小社負担にてお取り替えいたします。
古書店で購入したものについては、お取り替えできません。

DTP／キャップス　印刷・製本／図書印刷

©2013 Naoko Hirose, Printed in Japan.
ISBN978-4-04-600082-8　C0182

KADOKAWA
発行　株式会社KADOKAWA